四季の移ろいを五感で味わう

美しい日本料理の教科書

宮川町水簾
総料理長
島谷宗宏

はじめに

日本料理は、その繊細な味わいはもとより、調理技法や盛りつけ、器、設えなど、空間すべてが醸し出す雰囲気を含めて〝美しいおいしさ〟として育まれてきました。旬の素材を用いて四季の景色と花鳥風月を映し出し、日本人独自の感性や風流を表現する。これが日本料理の真髄でしょう。

伝統文化に根ざした日本料理は、本膳料理、精進料理、懐石料理の三体系に大きく分けられます。なかでも本膳料理は室町時代に成立したといわれ、銘々膳をいくつも並べ、配膳や食べ方に作法があります。この最もフォーマルなスタイルを簡略化したのが会席料理です。現在、多くの旅館や日本料理店で出されているものですが、一汁三菜を基本に、献立のたて方（内容や流れ、品数など）は料理人や店によって異なります。

本書では、季節の献立を八品で組み立てています。加えて、春夏秋冬のはじまりと盛りを意識して、各季節二コースを「桜花絢爛」「青水無月」「笑門来福」などと名づけ、献立例として挙げてみました。以下は、私なりの八品の考え方です。

八寸（はっすん）

先付（日本料理の前菜）の役割も担う酒の肴で、その時々の季節を端的に表した一品。海のもの・山のものを織り交ぜ、多彩な調理技法で少しずつ盛り合わせて構成。今回、各献立の最初を飾るため、インパクトのある演出も狙う。

椀物（わんもの）

椀物は〝日本料理の華〟ともいわれ、ひと口で料理人の腕がわかるといっても過言ではない。吸い物、すり流し、西京味噌、潮汁など仕立て方はさまざま。出汁の味わいを生かした王道のごちそう。

向付（むこうづけ）

旬の魚を使った造り。海・川の恵みを表現する代表的な調理技法で、魚、包丁、調味料は長い年月をかけて培われ洗練されてきた日本の食文化の要。「椀刺《わんさし》」といわれるように、椀物とともに日本料理の華。

焼物（やきもの）

脂の乗った鮮魚を、シンプルな塩焼きから、木の芽焼き、味噌田楽、柚庵焼き、粕漬焼きなど、香ばしく焼き上げる。同じ魚で二通りの焼き方も紹介。旨みを引き出す下処理の振り塩も重要。

焚合（たきあわせ）

二種以上の煮物をひとつの器に盛り合わせる。煮汁を介して素材同士が旨みを存分に引き出し合う、日本料理の中核をなす料理。わかめと筍、鰊と茄子、海老芋と棒鱈など、多くは旬の出会い物。

酢物（すのもの）

献立終盤、さっぱりと口直し的な位置づけ。黄身酢や南蛮酢などのかけ酢が、素材の味を邪魔することなく引き立て役に。寒い秋冬は心身がほっと和むように、ふっくらと仕上げる**蒸物（むしもの）**に替えて。

食事（しょくじ）

米の品種、産地、炊き加減…日本人の主食への思い入れを反映させ、全献立の中でちらし寿司、炊き込みごはん、茶がゆ、おこわ、ぞうすいなど、ごはんの多様性をみせた。冬のそばはバリエーションのひとつ。

甘味（あまみ）

いわゆる〆のデザート。和風と洋風、フルーツとお菓子、軽やかさと濃厚さなど、二種を対比させた。八品中、最も自由度の高い料理でもあり、驚かせたい、興《きょう》がらせたいという遊び心も忍ばせて。

優美な盛りつけや色合いなど、日本料理の目でも味わう楽しみは、味覚同様に大切な要素。素材の持ち味や組み合わせ、香り、温度、食感…すべてにおいてバランスよく調和させることが、上品で味わい深い料理につながります。そして、出汁はあらゆる料理の土台。出汁のとり方、彩りを添えるのに欠かせない飾り切り・あしらいなど、調理の基本も後半に紹介しています。

「教科書」と称する本書ですが、献立の全レシピや詳細な解説をあえて掲載していないのは、みなさんの自由な発想のヒントとなる「参考書」として役立ててほしいとの思いから。日本料理の伝統や基礎的なものはしっかり踏まえつつ、経験と鍛錬を重ね、自分らしい技とセンスが光る日本料理を創り出してください。

島谷 宗宏

目次

春の献立Ⅰ

桃紅柳緑《とうこうりゅうりょく》

桃紅柳緑とは、美しくさまざまに彩られた春の景色のこと。春の訪れを表現したこの時季いちばんの行事といえばひな祭りです。華やかなお祝いのシーンを演出した八寸にはじまり、貝合わせの向付、ひな人形の酢の物など、連想ゲームのようにイメージをふくらませて献立を組み立てます。

八寸

春の白板盛り

鯛昆布〆ぼんぼり和え
桜海老玉〆
のれそれ
菱真丈
飯蛸と菜の花

●サクッと揚げた桜海老、甘辛く煮た飯蛸、つるりとした喉越しののれそれなど、調味や食感を多彩に。見た目のインパクトも意識したい八寸。ぼんぼりの器、脚付の長皿、ガラス器など、形や高さ、素材の異なる器を並べて変化をつけることで、テーブルが華やぎ、あらたまった雰囲気も演出します。

●飯蛸は墨袋やわた、目、くちばしを取る、塩でもんでぬめりを取り除くなど、丁寧な下処理が大切。頭と足を切り離し、頭は出汁でしっかり煮込み、火を通しすぎると固くなる足はさっとくぐらせて半生状態に。

●菱真丈は三色の菱餅に見立てています。もともと、雪（白）が解け、新芽が出て葉（緑）が広がり、香り高い桃の花（赤）が咲く美しい春の景色を表し、緑は健康、白は清浄や純白、赤は邪気を払う色ともいわれています。

ぼんぼりの器の鯛の昆布〆は、
ほんのり薄紅色に色づけしたぼんぼり和えに。
桜海老、飯蛸、のれそれなど、
旬を迎える魚介をたっぷりと。

椀物

桜鯛酒蒸し 西京仕立

蓬麩、わらび、針うど、刻みせり、辛子、花穂

●まだ肌寒い春先なので、まろやかな白味噌の椀物に。京都の雑煮の餅同様、麩は白味噌がよく合います。塗り椀の黒と白味噌や針うどの白に、わらびや辛子の色味を足して。

●おめでたい席に欠かせない鯛。桜鯛は春の小ぶりな真鯛に。その名の通り桜の花咲く頃に旬を迎え、雌の体は美しい桜色に、雄の体には桜の花びらのような斑点が現れます。きれいに色を出すためあえて酒蒸しにしましたが、塩焼きにすると鯛の旨みが出ます。

※作り方は90ページ

桜色に輝く鯛を酒蒸しし、
京の白味噌と相性のよい蓬麩をしのばせました。

二枚貝がおいしい季節。
三種の味わいや食感の特徴を
引き出していきます。

向付

貝づくしのお造り

鳥貝、わけぎ、
花びら百合根、酢味噌
平貝、蕗、岩塩、レモン汁、花穂
赤貝、うるい、
おかひじき、生姜酢

●ひな祭りは蛤のお吸い物が定番ですが、ここでは菱形の皿に盛りつけた三種の二枚貝をお造りに。鳥貝は酢味噌、赤貝は生姜酢で味にメリハリを出し、貝特有の生臭みも消します。平貝の甘みを引き立たせるのが岩塩の役目。わけぎ、蕗、うるいでも食感の違いを楽しみます。

●ひな祭りには「貝合わせ」という縁起物の道具や遊びがあります。平安時代、貝殻の形や色合いの美しさなどを愛で、その貝殻を題材にして歌を詠じて優劣を競った遊びがはじまりといわれています。

焼物

油目《あぶらめ》木の芽焼
たれ焼・白焼

小梅百合根

●一般的な木の芽焼きは手前のたれ焼きです。奥が酒を振って焼き上げた白焼きで、焼き方のアレンジを同じ魚と同じ器で表現。コースではどちらか一品を供します。

●真っ白な身と上品で淡泊な味わいの油目は、春の椀物でもよく登場します。小骨があるので骨切りをして料理に用いますが、身をふんわりとさせ、食感をよくするのと同時に、たれをからめやすくする効果もあります。

関西では油目とも呼ぶあいなめに
木の芽の香気を移しました。
百合根の茶巾を小梅に見立てます。

焚合

若筍と目張《めばる》の焚合

結び蕗、木の芽

●春に収穫される新筍と新わかめは、春先の出会い物です。旬の筍は美味ながら、単品で食べるとアクの強さを感じます。そのとげとげしさを優しく包み込むのがわかめという着物。上品に着飾ることで、落ち着きのあるおいしさになります。

●わかめは、生わかめを使うとほどよい歯ごたえが残り、塩漬わかめをやわらかくもどすとトロッとした仕上がりになります。好みで使い分けましょう。

●若筍煮には蕗と木の芽を必ず添えましょう。着物に扇子が必須アイテムなのと同じですね。

※作り方は91ページ

春の最強タッグ、わかめと筍。
春告魚《はるつげうお》とも呼ばれる目張を加え、
若竹煮をよりゴージャスに。

酢物

春鱒《はるます》の軽いスモーク
黄身酢がけ
二色のアスパラ

ぶぶあられ、花穂

●鮮やかな朱色と甘い身が特徴の春鱒を、ごく軽くサクラチップでスモークして香りを移します。鱒のねっとり感とぶぶあられのカリカリが好対照。ひな人形をイメージして盛りつけ、ぶぶあられはひなあられから着想を得て。

●濃厚な黄身酢はノンオイルの和風マヨネーズ。旬魚は脂が乗っているので、魚と相性のよいマヨネーズは油なしが◎。蒸し野菜などにかけてもおいしい万能調味料です。

スモークサーモン風の春鱒を、
夫婦《めおと》のように寄り添う
二色のアスパラガスに巻いて。

食事

ちらし寿司

車海老、煮穴子、白魚、さより、いくら、うすい豆、絹さや、冬子《どんこ》、錦糸玉子

色合いも味わいもとりどりの
旬味をちりばめたひな祭りのごちそうです。

●透き通った身と銀色の背のコントラストが美しいさより。魚は生臭みを取り除き、下味をつけるために塩を振りますが、さよりは全体になじむようたて塩（海水程度の食塩水）に漬けます。

●ゆでた車海老、煮た穴子、酒蒸しした白魚、甘辛く煮た冬子…と、具材の調理法を変えて。一品の中に異なる食感や味わいを盛り込むのは八寸と同じ考え方。絹さやのシャキシャキ感がほかの具材を引き立てるアクセントになります。

●関西で特に親しまれているうすい豆は、えんどう豆の一種で、さやの中の実を食べる実えんどうです。

わらび餅は、味に深みをもたせたクリームの黄色、
一寸豆の緑、桜花のピンクで彩りよく。
寒天はフルーツの形をイメージした茶巾に。

甘味

わらび餅カスタードがけ

一寸豆甘煮、桜花塩漬

二色のグレープフルーツ寒天

ミント

●わらび粉と黒糖を合わせてしっかり練りあげ、冷水にとることでもちもち感がアップします。かなり弾力があり、つるんとしたわらび餅で、黒蜜をかけても蜜がからまず流れてしまうため、最初から黒糖を練り込んでわらび餅に甘みを入れています。濃厚なカスタードクリームをかけて、定番を少し崩した現代風わらび餅に仕立てました。

●小さな寒天には果肉をゴロッと入れました。グレープフルーツそのもののさっぱりとした果汁感があり、コクのあるわらび餅とのバランスを考慮して。

※作り方は106ページ

春の献立Ⅱ

桜《お》花《うか》絢《けん》爛《らん》

春風に誘われ、お花見に行楽にと心が浮き立つ季節。桜花絢爛は、桜の花が満開に咲き誇るさまで、一般的には四月を表します。華やかなお花見をテーマに、桜鯛、桜鱒、桜海老、桜蒸し、桜餅…と、「桜」と名がつくものを用いた、まさに桜づくしの献立に仕立てます。

八寸

花見弁当

出汁巻玉子、笹かれい、鯛南蛮漬、松風、鴨ロース、菜の花、車海老、三色団子、ちらし寿司

筍木の芽和え

赤こんにゃく

●手前がおかず、奥がちらし寿司の花見弁当は、実はミニサイズ。オープン当初からのスペシャリテで、お重の蓋を開けたときに歓声があがること間違いなし。華やぎのあるはじまりの演出で、そのあと続く料理への期待感を高めていただきましょう。

●上品な味わいの笹かれいは高級魚とされ、別名柳かれい。三色団子のベースはじゃがいもで、青のりと梅で色づけを。和菓子の松風のように、鶏ひき肉にけしの実を振りかけて焼き上げます。

●酒杯の器に盛りつけた筍木の芽和えには、弾力のある近江の赤こんにゃくを合わせ、食感の対比を印象づけます。

手のひらサイズのお重に
小さく丁寧に仕込んだ
春の具材をぎっしり詰めて。

椀物

油目葛叩きうすい豆すり流し

玉子豆腐、花びら人参、胡椒

**上品な白身と濃厚なすり流しに、
玉子豆腐と胡椒がアクセント。**

●吸い物や味噌汁が代表的な椀物の中でも、うすい豆のすり流しは色合いも味わいもこっくり濃厚な汁物です。油目の白さ・淡白さと合わせると、ちょうどよい具合の濃淡に。

●魚介類や鶏肉などに葛粉をまぶして火を通す「葛叩き」で、食材の旨みを閉じ込め、ふんわりなめらかな口当たりに。油目の下に隠れた玉子豆腐のつるんとしたのど越しとの相性も考慮して。

※作り方は92ページ

向付

桜鯛そぎ造り　ホタルイカいか巻

わらび、わさび、芽甘草

●桜鯛の造りには桜柄、いか巻きには扇子形。器に高低差をつけ、わらびや芽甘草の青みを加えることで、凛とした表情の造りに。

●ホタルイカいか巻きは、〝イカ味のイカ〟という同じイカでも異なる味のギャップと見た目の可愛らしさを狙って。ホタルイカは生姜入りの出汁で炊き、アオリイカは皮に切り目を入れて甘さを引き出し、藻塩で仕上げを。淡白なイカにホタルイカのわたがからみ合い、奥深い味わいが口に広がります。

桜鯛の旨みをシンプルに、ホタルイカ×アオリイカはイカ味２乗の造り。

焼物

春鱒蕗味噌田楽

花びら百合根

●春鱒は桜鱒とも呼ばれ、桜の花びらに見立てた百合根、桜文様の器とともに桜満開の焼き物。大鉢に人数分を盛り合わせ、各人が取り分けるという、茶懐石的な演出に。

●魚を田楽焼きにする場合、田楽味噌だけでは表面だけの味つけになるので、最初にごく薄く塩をして下味をつけておくことが大事。

※作り方は93ページ

ほろ苦い蕗味噌田楽と
脂の乗った春鱒が織りなす
春ならではのごちそう。

蛤桜蒸し 共地あん

こごみ、桜花、わさび

春の和菓子、桜餅「道明寺」を
料理として仕上げた一品。

●酒蒸しした蛤と道明寺を桜の葉で巻き、あんに蛤の蒸し汁を加えて旨みの底上げを。蛤の代わりに蒸し穴子でも美味。

●水に浸して蒸したもち米を干し、粗めに挽いた道明寺粉は、保存食（干し飯）として使われたのがはじまりだとか。道明寺は関西の桜餅の別称で、道明寺粉で皮をつくり、餡を包んだ饅頭状のお餅。関東の桜餅の主流は、小麦粉などの生地を焼いた皮で餡を巻いたクレープ状のお餅で、長命寺とも呼ばれます。共通するのは桜葉塩漬で包むこと。

※作り方は94ページ

酢物

春物の新じゃがサラダ仕立

飯蛸、白魚酒蒸し、一寸豆、たらの芽天、
蕗のとう天、桜花天、スナップえんどう、
アスパラガス、棒うど、蝶人参

●新じゃがと新玉ねぎを一緒に蒸し、牛乳と白味噌を加えてミキサーでペースト状にしたポテトサラダ。野菜の甘みが溶け込んだ新じゃがあんと、とりどりの具材を、食べるときにさっくり混ぜ合わせて。サクッとした山菜の天ぷらとシャキッとした春野菜の食感の妙が楽しめるはず。

●盛りつけは、新じゃがあんを大地に見立て、そこから旬のものたちがすくすくと芽吹いている様子をイメージ。アスパラの穂先では蝶が羽を休めています。

クリーミーなポテサラに
飯蛸、山菜の天ぷらなど、
春の味をトッピングして。

ふわっと甘みが広がる筍と豆、
サクッと香ばしく揚げた桜海老の、
彩り三色ごはん。

食事

春ごはん三種

筍ごはん――木の芽
桜海老ごはん――せり
豆ごはん

●本来、うすい豆も米と一緒に炊きますが、色よく仕上げるために豆を塩ゆでし、そのゆで汁で米を炊き、ごはんの上に緑鮮やかな豆を敷き詰めています。
●桜海老は、まずゆがいてから片栗粉を軽く打って揚げます。ゆで汁で炊くのは同じ。具材の風味をごはんに移して。
●炊き込みごはんには、もち米を１割ほど入れるとちょうどよい仕上がりに。

甘味

桜餅
いちごと蕗のサラダ

練乳、カシューナッツ

●求肥を食紅で桜色に染め、桜形に抜いてつぶ餡を挟んだ愛らしいひと皿に。

●いちごは、シロップで煮て細切りした蕗の甘煮を合わせて。練乳をドレッシングに見立てた、甘みと酸味、刻んだカシューナッツの油分のバランスがとれた、春野菜のデザートサラダ。

桜色の和菓子と、
春の菜園のようなデザートサラダ。

夏の献立Ⅰ

青水無月《あおみなづき》

青葉の茂る頃の意から、六月を表す青水無月。みずみずしい若葉が輝き、梅雨晴れのおだやかな薫風がそよぐ初夏のイメージを献立に反映させました。魚介類も春からがらりと様変わり。鱧、鱚、太刀魚、鱸…と、比較的淡白なものが多いですね。ガラス器の出番も増えます。

八寸

川物そろえ 素麺 ミント風味

鮎塩焼、あまご・川海老素揚、
鰻唐揚、ごり甘露煮、
卵黄味噌漬、渦巻胡瓜、
酢みょうが、ラディッシュ、ミント

●さわやかな初夏、渦に巻いた素麺の清流で川魚たちが自由気ままに泳いでいる様子を思い描きながら、川藻のようなペールグリーンのガラス皿に盛りつけて。

●川魚料理は鮮度が命。塩焼きした若鮎は頭も骨もやわらかく、あまごと川海老は素揚げ、鰻は骨切りして唐揚げに。素麺には椎茸の甘辛煮が定番なように、小さなごりは甘露煮に。川魚独特の苦みをミントが優しく調和させています。

●卵黄味噌漬、渦巻胡瓜、酢みょうが、ラディッシュは水玉をイメージして。

※作り方は95ページ

初夏の川の幸と素麺を
ミント風味の出汁でさっぱりと。

夏のはじまりを予感させる
水無月と鱧。

椀物

牡丹鱧《はも》 水無月蓮餅

結び青ずいき、松葉柚子

●水無月は、ういろうに小豆をのせて固めた和菓子。三角形は氷を模しており、旧暦の六月一日に氷を食べて夏バテを予防するという風習からきています。新れんこんをすりおろし、自身のもっているでんぷんに葛粉を加えてもっちりと練り上げ、ういろうに見立てて。

●いよいよ鱧も登場。骨切りして葛粉をまぶして熱湯に通し、ふわりと開いたような美しい見た目が白牡丹のようなことから名づけられています。

向付

車海老湯洗い

藻塩、胡瓜、わさび

鱚《きす》昆布〆握り寿し

梅醤油、松菜、みょうがガリ

車海老と鱚、それぞれの持ち味を生かし氷の器で涼を呼ぶ。

●砕いた氷を敷き詰めた器に車海老、板氷のようなガラス皿には鱚の握り。胡瓜と松菜の青みを入れ、涼やかな演出に。

●車海老はわたを取り除いて熱湯にくぐらせ、氷水で締めてよりプリプリに。車海老を選ぶときは、透明感のあるものが新鮮。

●鱚は小さいながらも存在感のある夏の魚。昆布で軽く締めて皮目をさっと炙り、寿司を握って梅風味の醤油で。シャリはごく少量にし、単体よりもシャリと合わせることで、鱚の味わいを一層引き出します。魚介類×シャリ＝寿司のおいしさには理由があります。

焼物

太刀魚塩焼 もろこしおこわ

二色万願寺、すだち

●おいしい焼き魚の代表格、太刀魚は奇をてらわず塩焼きに。とうもろこしを混ぜた甘いおこわと、ふんわり焼き上げた太刀魚の身がベストマッチ。すだちを絞り、シャキシャキした万願寺のせん切りとともに。

●向付の鱚の握りに続き、太刀魚はおこわと組み合わせて。魚に炭水化物を組み合わせることで、おいしさも満足感も増すというのが持論です。

ほろっとほぐれる太刀魚の身に
甘みのあるもちもちおこわを
合わせる相乗効果。

夏の冷たい焚合を
変化形"いもたこなんきん"に。

焚合

蛸柔煮 白ずいき アボカドがけ

針南瓜、ナスタチウム

●蛸、白ずいき、針南瓜を女性好みとされる〝いもたこなんきん〟として合わせ、アボカドを加えて今風にアレンジ。南瓜は火を入れず生でさっぱりと。

●蛸の足をやわらかく煮るには、大根で叩くとよいと昔からいわれますが、一度冷凍させて筋肉繊維を壊しておくと、皮が破けることなく、より早くやわらかい仕上がりに。

●蛸と相性がよいアボカド。夏場の油気の少ない料理にアボカドの植物性油脂を加えると、パッとイメージが変わります。

※作り方は96ページ

酢物

鱸《すずき》唐揚と夏野菜の南蛮仕立

茄子、プチトマト、ズッキーニ、オクラ、ヤングコーン、針生姜

●夏を代表する白身魚、鱸は唐揚げに。滋味に富んだ夏野菜は素揚げに。どちらも揚げたてを器に盛り、ピリッと唐辛子風味の冷たい甘酢出汁をかけて。出汁には鰹の味をしっかりきかせること、揚げ物に酸味を足してさっぱりさせることがポイント。唐辛子だけでなく針生姜も辛味のアクセントに。

●清々しい白の磁器で、プチトマトの赤、ズッキーニとオクラの緑、茄子の紫、ヤングコーンの黄色と、とりどりの夏野菜の色鮮やかさを強調。

シンプルに揚げた鱸と夏野菜を
甘酢の出汁がひとまとめに。

夏場の疲れたり食欲が落ちたときでも、
茶がゆならサラサラといけるはず。

食事

冷し茶がゆ

茄子と胡瓜の浅漬

●奈良の郷土料理として有名な茶がゆ。おかゆといえば温かいものが一般的ですが、冷たいおかゆならこれ！ほうじ茶の葉を煎って香りを出し、ごはんと一緒に煮たあと、熱々を鍋ごと一気に冷やします。奈良県生まれの私の幼い頃、実家では祖母が年中茶がゆをつくっていました。あの懐かしい光景と味が忘れられません。

●添える漬物はあっさりとした浅漬がベスト。水茄子があればぜひ。

淡い赤と緑を漆黒で引き締めた
大人可愛いフルーツカクテル風。

甘味

スイカとメロンのシャーベット

じゅんさい、黒豆

●スムージーくらいのゆるめのシャーベットに、丸くくり抜いた果肉を浮かべ、シロップで甘くしたじゅんさい、スイカの種に見立てた黒豆を飾って。グラスの縁に塩をつけ、スイカはアマレット、メロンはラム酒で香りづけしてほんのり大人味に。

※作り方は107ページ

九《きゅう》夏《か》三《さん》伏《ぷく》

九夏三伏は、夏または夏の最も暑い時期を指します。九夏は夏の九十日間、三伏は初伏（夏至後の三度目の庚の日）、中伏（四度目の庚の日）、末伏（立秋後の最初の庚の日）のこと。そして七月には京の夏の風物詩、祇園祭がはじまります。京都の夏に欠かせない鱧とガラスの器を多用し、夏本番の高揚感と清涼感を表現。

八寸

氷鉢五種盛

鱧のコンソメ――じゅんさい、枝豆
鮑とろろ――鮑柔煮
トマト汁――らっきょう、オクラ、キャビア
モロヘイヤすり流し――うに、白きくらげ
もろこしスープ――車海老

●喉越しや味わいの異なる、暑い最中にうれしい冷たい汁物の八寸。鱧は骨から出汁をとり、玉ねぎとともに煮出してコクのあるコンソメスープに。浮かべたじゅんさいが涼やか。磯の香り満載のとろろ汁は、鮑は生のままおろしたものとやわらかく煮たものを贅沢に合わせて。トマトとらっきょうの酸味、オクラとキャビアの塩味をきかせたトマト汁、とろとろのモロヘイヤと濃厚なうにの山海の幸が好相性のすり流しは、どちらも色鮮やかに夏らしく。コーンスープは、ほかの四種と対照的に甘さを際立たせます。

真夏のごちそう五種を
ひと口サイズの冷製スープに。

椀物

あこう酒蒸し 丸仕立

焼茄子、千枚冬瓜、柚子、針みょうが

●あこうはハタの仲間で、関西では冬のクエと並び、夏の高級魚として人気。その旨みを味わうには、ふっくらとした酒蒸しにするのが◎。

●丸仕立ては、すっぽんを使った吸い物の仕立て方、またはほかの食材で同様の調理をした汁のこと。あこうの骨で出汁をとり、酒をたっぷり入れ、旨みを存分に引き出して。鱸やおこぜも丸仕立てに使われる魚です。

夏が深まると旨みが増すあこうと
とろとろの焼き茄子の絶妙ハーモニー。

京都の夏に欠かせない鱧を
皮目だけ軽く炙り、身は生のままで。

向付

鱧焼〆

より三種、梅肉醤油

●祇園祭は別名鱧祭りとも呼ばれるように、京都人にとって鱧はなくてはならないもの。湯引きする鱧落としが一般的ですが、皮目をさっと炙り、身は生のままにすると、余分な水分がつかず鱧の味をそのまま味わえる食べ方だと思います。胡瓜、大根、人参のよりを散らして彩りよく。

出世魚の代表、鱸を
風味と色合いの異なる焼き物に。

焼物

鱸酒盗焼と蓼《たで》酢《す》焼

甘酢らっきょう
甘酢みょうが

●ひとつは、酒盗を叩いて酒でのばしたもの。もうひとつは、すりつぶした蓼の葉を甘酢でのばしたもの。それぞれを鱸に塗り、焼き上げた焼き方アレンジです。色違いの木の葉形の長皿に盛りつけ、紅白のみょうがとらっきょうで対照的に。

●鰹や鮪などの内臓を長期にわたり塩蔵熟成させた酒盗は、旨みが濃縮されています。塩分が高めなので、下味の塩は薄めに。

●鮎の塩焼きでおなじみの蓼酢。鱸は海の魚ですが、海岸近くや河川にも生息するためか川魚に似た特徴もあり、蓼酢がよく合います。

※作り方は97ページ

焚合

鯡《にしん》茄子

プチトマト、三度豆、棒うど、辛子

●鯡といえば鯡そばが有名ですが、鯡の出汁は茄子とも相性抜群。甘辛く煮た鯡の煮汁をのばして調節し、切り目を入れた揚げ茄子を熱々のうちに漬けると味がよくなじみます。ともに黒っぽいので四色のあしらいを。特にトマトの酸味と辛子の辛味はぜひ添えて。

●水揚げされた鯡は日持ちしません。身欠き鯡（干物の鯡）は、冷蔵技術が発達していない時代、保存方法として内臓や頭を取り除き天日干しにしたのがはじまり。干物文化が栄えてきた京都で、鯡は冬の棒鱈と双璧の存在でしょう。

鯡と茄子は夏の出会い物。
鯡を炊いた出汁を
茄子にもしっかり含ませて。

酢物

蛇腹蛸と糸瓜の酢の物

マスカット、花穂、生姜ジュレ

●蛸の身の白、糸瓜の黄色、マスカットの緑のさわやかな色彩が冴えわたる一品。マスカットの甘酸っぱさと生姜ジュレが旬の美味を包み込みます。

●生の蛸の筋肉部分を蛇腹に包丁を入れて食べやすくし、吸盤はしっかりゆでてプリッとした食感を出して。

●ゆでて水にさらすと繊維状にほぐれる糸瓜は、シャキシャキした食感と涼しげな見た目から、夏の料理でよく使われる食材。そうめん南瓜とも呼びます。

※作り方は98ページ

蛸も夏の代表食材。
糸瓜とマスカットで
見た目もさっぱりさわやかに。

向付で登場した鱧の
頭と骨を使って出汁をとり、
味わい深い鱧ごはんに。

食事

鱧ごはん

とうもろこし、
枝豆、梅肉

●出汁で味を煮含ませた鱧の身、とうもろこし、枝豆を散らして彩りよく。蒸し暑い日でも、土鍋から立ちのぼる香りに食欲が湧き、余裕で一膳完食できるごはんです。

甘味

葛切り 冷麺仕立

キウイ、スイカ、マンゴー、黒蜜、小豆、ピーナッツオイル

ココナッツプリンのマンゴーがけ

タピオカ

●暑さを吹き飛ばす冷たいデザート。大きな角皿に氷を敷き詰め、ガラスの器をバランスよく配置して。
●葛切りを麺に、フルーツはそれぞれ胡瓜、ハム、金糸玉子に見立てます。黒蜜に加えてピーナッツオイル少々を回しかけ、香ばしさとなめらかさをプラス。もう一品は、ココナッツミルクを固め、マンゴーとタピオカを合わせて。

ひんやり、つるんとした
真夏全開のデザート二種。

秋の献立Ⅰ

初秋涼夕《しょしゅうりょうせき》

初秋涼夕は読んで字の如し、秋のはじめの涼しい夜のこと。九月九日は九が重なり、めでたいとされる重陽の節句です。菊の節句とも呼ばれ、古来、菊の花を愛でたり菊酒を飲んで長寿を願う風習があったといいます。暑さが去り、過ごしやすくなった心地よい秋の夕暮れに想いを馳せた献立に。

八寸

秋の和え物五種

柿白和え——帆立、マスカット
ずんだ和え——車海老、粟麩
菊花和え——鮭燻製、とんぶり
いちぢく胡麻和え——うに
松の実和え——渡り蟹、ほうれん草

●夏の「氷鉢盛五種」の冷製スープ同様、すべて異なる食材で味と食感の変化が楽しめる五種の和え物。一種でも成り立つ和え物を一度にいろいろ味わえるよう、秋らしいこっくりとした味わいの八寸仕立てに。

●柿は相性のよい豆腐と合わせ、帆立の旨み、マスカットの酸味で引き締めて。車海老と粟麩は枝豆、自家製スモークサーモンは菊菜と菊花、いちじくは胡麻、渡り蟹は叩いた松の実でそれぞれ和え、紅葉柄の小さな器に盛り、彩りよく仕上げます。

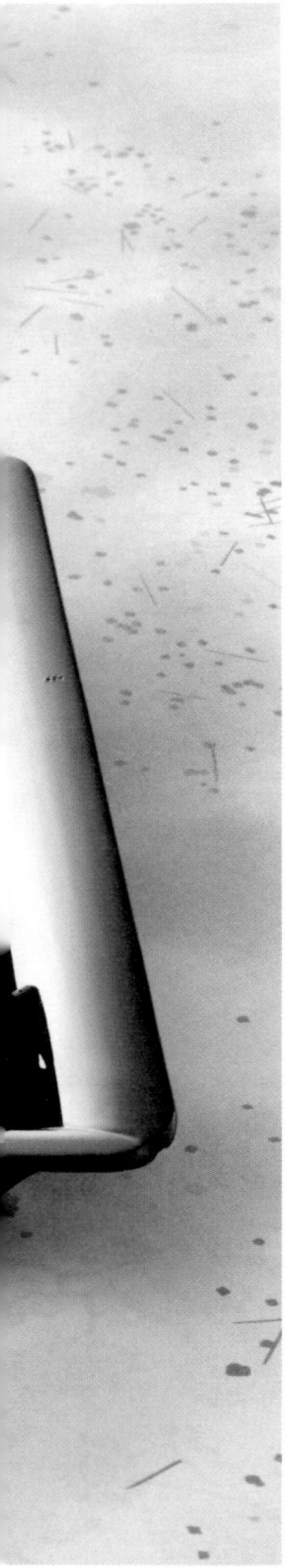

豊富な食材をさまざまに組み合わせ、
和え物ができる季節がやって来ました。

椀物

萩真丈 薄葛仕立

車海老、銀杏、小豆、三度豆、生姜

●秋の七草は、新春の七草粥のように食す習慣はありませんが、平安時代の貴族は、秋の七草が咲く花野を歩きながら歌を詠む風流な遊びをしていたとか。枝が垂れるような姿の細枝から、白やピンクの小さな花がたくさん開花。この椀では、海老、銀杏、小豆、三度豆の図柄が、萩の花や葉を表しています。

●真丈は、何かに見立てて表現するときに素材をまとめ上げ、旨みを加える役割も。出汁には葛で軽くとろみをつけ、真丈とのからみをよくしましょう。

**秋の七草のひとつ、萩を
お椀の中で可憐に咲かせて。**

甘鯛は、秋から冬にかけて
京料理に欠かせません。

向付

甘鯛昆布〆

岩茸、わさび、防風

●甘鯛は京都ではぐじとも呼びます。水揚げされた若狭で一塩することで身を締め、鮮度を保ち、京都まで運ばれていました。秋冬の貴重なごちそうであり、今もその伝統は続いています。甘鯛料理は若狭焼きが有名ですが、この向付では昆布で締め、割り酢をかけてシンプルに。ねっとりとした歯ざわりが特徴です。岩茸の異なる食感を添え、黒が色彩的にもシャープに。

焼物

魳《かます》柚庵焼

菊蕪

●焼き物の傾向として、夏は塩焼き、秋は醤油系、冬は味噌漬など、さっぱりめからしっかりとした味の濃いものへと変化。ここでは、醤油、酒、みりんに柚子を合わせたたれに漬け込んだ柚庵焼きに。酒2に対し、醤油・みりん1の同割にすると、味全体のバランスが整います。

●菊の季節にちなみ、甘酢に漬けた菊蕪で、より秋らしい一品に。

※作り方は99ページ

秋の訪れを告げる魳に
菊の花が寄り添って。

鴨ロースの旨みとともに、
ほくほくの旬野菜を
紅葉のむきものの演出で。

焚合

鴨ロースの吹き寄せ仕立

もみじ人参、木の葉南瓜、いちょう芋、菊金柑、松葉胡瓜、辛子

●あたりが紅葉に色づくのはまだ少し先ですが、そろそろこんな景色を見ることができる季節到来の期待を込めた焚合に。
●金柑は菊のように筋目を入れ、相性のよい鴨ロースの煮汁につけ込んで風味を移します。フレンチの定番「鴨ロース オレンジ煮」の和風版ですね。皮目を焼いて蒸し煮にした鴨ロースは、中はレア状態に仕上げましょう。

※作り方は100ページ

酢物

鯖寿し 昆布おろし

松葉三種　車海老、数の子
黒豆、干いちじく
枝豆、銀杏

●鯖は、塩焼きや味噌煮ももちろん美味ですが、旬の鯖寿司もはずせません。甘鯛と同じように、水揚げされた若狭で一塩して鯖街道から京都に着く頃にいい塩梅になっているわけです。

●シャリの量を極力抑えた〝ほぼ鯖〟の酢の物。きずしよりもシャリと一緒のほうが、よりおいしくなると私は思います。大根おろしにとろろ昆布を混ぜた昆布おろし、松葉に刺した車海老や数の子、銀杏などが彩りや味わいを豊かに。

※作り方は101ページ

京の寿司といえば鯖寿司を
初秋の献立の酢の物として。

おなじみのお茶漬を
ちょっと贅沢な親子仕立てに。

食事

鮭茶漬

いくら、岩のり、わさび、ぶぶあられ

●鮭は日本の食卓に欠かせない魚の代表ですね。旬の秋鮭に少しきつめに塩をして、ふっくら香ばしく焼き上げました。鮭は多少塩辛いほうがバランスよし。

●家庭でおなじみの鮭茶漬にいくらを加えることで、親子仕立てにしたのが料理屋ならでは。献立の「食事」のバリエーションのひとつとして、あえて出してみました。

甘味

枝豆あいす 岩塩
ジャスミンゼリー 梨おろしビール風

●ゆでた枝豆を粗くつぶしたものと、ペースト状にしたものとを合わせてアイスクリームに。岩塩が枝豆の甘さを引き立て、器も枝豆のさやを模したものを。グラスにはジャスミンティーを煮出してつくった黄金色のゼリーを入れ、梨をすりおろしてビールの白い泡に見立てます。

●以前、枝豆とともに、鱧のコンソメスープ（玉ねぎでつくった泡をのせて）を「まずは一杯」と小グラスに注いでお出ししていた、夏の先付の趣向が好評でした。そのデザートバージョンですね。

「とりあえずビールと枝豆」に
なぞらえた可愛いデザート。

秋の献立Ⅱ

秋天一碧《しゅうてんいっぺき》

雲ひとつない、すっきりと晴れ渡った秋空の様子を秋天一碧といいます。澄んだ青空のもと、野へ山へ紅葉狩りに出かけたくなる季節。秋が深まると、献立の六品目は酢の物からほっこりする蒸し物中心に。山海の幸がより豊かになる実りの秋を満喫していただく料理で構成します。

八寸

吹き寄せ盛り

木の子和え、車海老うに焼、いが栗揚、鰤小袖寿し、柿サーモン、鴨真丈黄身焼、ほうれん草お浸し、二色パプリカ南蛮漬、銀杏串

●秋の味覚が盛りだくさんの八寸。小さな壺には、しめじ、えのき、しいたけのみぞれ和えを。車海老は開いてうにをのせて豪華に、鰤は酢で締めて小袖寿司に。ゆで栗に折った素麺をまぶして揚げ、いが栗のように仕立てたり、薄切りにした自家製スモークサーモンをじゃがいもペーストに包み、昆布のへたをのせて柿に見立てたり。赤と黄のパプリカでもみじといちょうを…と深みのある秋色を表現して。

色とりどりの木の葉が
寄り集まった秋の風景を
手付き器の中に描写。

椀物

鰻と冬瓜の吸い物

平茸、針唐辛子、生姜、すだち

本来は秋からおいしくなる鰻を白焼きに、
その旨みをたっぷり吸った冬瓜を合わせて。

●シンプルな吸い物だけに、鰻と冬瓜それぞれの素材力がわかるはず。冬瓜の旬は夏ですが、貯蔵性が高く、きちんと保存していれば冬までもつため冬瓜と名づけられたといいます。幅広い料理に使えるものの、実は料理人の腕で左右される調理が難しい食材。いかに味を染み込ませ、色よく仕上げられるかがカギでしょう。

※作り方は102ページ

向付

いかいくら二種

桔梗胡瓜、螺旋《らせん》胡瓜、わさび、生姜

●造りとしてなじみのあるアオリイカですが、普段の和食にはないデコレーションが目を引く一品に。いかの白、いくらの赤、胡瓜の緑のコントラストが鮮やか。

●短冊に切ったいかと、薄くそいで花びらに仕上げたいかは大根で包み込んで華やかな花束に。前者は肉厚でもっちり、後者は繊細な口当たり。桔梗胡瓜にはそれぞれわさびと生姜を入れて。

いかの造りにいくらをのせて
デザイン的インパクトを。

焼物

甘鯛若狭焼と松笠焼

すだち

●水揚げされた若狭で一塩し、京都に届く頃にはいい塩梅になっているというのが甘鯛や鯖の定説。初秋の献立では昆布〆で登場させましたが、やはり王道の焼き物もはずせません。

●若狭焼きは、うろこを立てずにゆっくり皮の水分を飛ばしながらパリッと。松笠焼きは、松ぼっくりのようにうろこを立ててサクサクに焼き上げて。うろこの食感を二通り楽しめる妙。日本の食文化とその技にはつくづく感心させられます。

秋の焼き物の王様を
二通りの食感で。

京野菜の代表を
穴子の出汁で煮込み
じっくり味を含ませて。

焚合

賀茂茄子と穴子

針胡瓜、花穂

●賀茂茄子は、京都市北区上賀茂で古くからつくられてきた丸なすの一種。夏から秋にかけて出回り、肉厚で煮崩れしにくいのでさまざまな調理法で使えます。
●夏の鰊茄子のように、いかに茄子の中にしっかり味を入れて穴子の旨みを移すかがポイント。どちらもとろんとした食感なので、針胡瓜のシャキッとしたさわやかさをアクセントに。

蒸物

小蕪宝楽蒸し

車海老、銀杏、木耳、蕪菜、松葉柚子

●六方にむいた小蕪の上部を丸くくり抜き、出汁で煮込んで味を含ませ、さらに車海老や銀杏などを詰め、玉地を流し入れて蒸します。

●もともと、焙烙《ほうらく》という素焼きの器に、魚介類や野菜を並べて蒸し焼きにする焙烙焼き（または焙烙蒸し）という料理があります。

●見映えよく料理屋風に仕上げたスタイルもさることながら、出汁をしっかり含ませた小蕪がしみじみとした味わいで、中からいろんな具材が出てくるお楽しみもあり。きのこや栗を入れても◎。

※作り方は１０３ページ

旬の具材を詰め込んだ
宝箱のようなわくわく感を。

秋の食材が豊富な丹波の美味が一堂に。

食事

丹波幸おこわ

栗、黒豆、枝豆、大納言小豆、しめじ、百合根

●ほくほくの栗や黒豆、枝豆、大納言小豆、百合根、滋味深いしめじ。すべて丹波産の食材を使った、胃と心にしみわたるほかほかのおこわを。

●京都と兵庫にまたがる丹波地方は里山が多く、秋の味覚の宝庫。ちなみに、この地に生息するイノシシは豊かな野山の幸をエサにして冬に向けてエネルギーを蓄えているため、肉質がよいといわれます。食欲の秋、というのは人間だけではないようですね。

甘味

ピーナッツ豆腐 柿氷のせ
さつまいものもなかタルト風

巨峰、マスカット、干いちじく、ピスタチオ

●柿ピーと親しまれるお菓子があり、胡麻和えやピーナッツ和えなどとも相性抜群。そんな秋の果物・柿から発想を広げてつくったデザート。ピーナッツペーストを葛で練り、胡麻豆腐の要領でピーナッツ豆腐に。凍らせてスライスした柿、つまりかき氷をトッピング。ピーナッツ豆腐の濃厚なもっちり感と柿氷のシャリッとしたひんやり感が何ともいえません。

●スイートポテトは、最中の皮にのせて和風タルトに。さつまいものなめらかな甘さ、二種のぶどうの甘酸っぱさ、干いちじくとピスタチオの異なる食感が口の中で広がります。

柿といえば、ピーナッツ、胡麻和え、かき氷…
連想ゲームのように広がる甘い秋味。

冬の献立I

笑門来福《しょうもんらいふく》

笑う門には福来る。年賀状や新年の挨拶にこの言葉を用いる人もいるのでは？笑門来福の由来は、お正月遊びで知られる福笑いからきているそう。新春の献立には、新しい年を寿ぐおめでたい気分と、一年を笑顔で過ごせますようにとの願いを込めています。

八寸

祝肴

松笠くわい、竹千社塔、梅人参
数の子、叩きごぼう、紅白かまぼこ
黒豆、ごまめ、絹田巻

●おせち料理の主な祝肴、数の子・黒豆・ごまめ・叩きごぼうは、すべて縁起物。数の子は子孫繁栄、黒豆はマメに健康に、田作りとも呼ばれるごまめは豊年満作、叩きごぼうは叩いて開くことから開運、また根づく野菜であることから家の土台がしっかりとするようにとの願いを込めて。松竹梅は日本古来、おめでたいものの象徴ですね。

●日本料理の集大成といえるおせち料理。お重の中にあんなに多彩な食材と仕事量がぎっしり詰まったものはほかに見当たりません。昔はほとんどの家庭でつくられていましたが、今は料理屋主動に。最近はスーパーや商店も正月早々から営業し、保存食の意味合いも減りましたが、今後も微力ながら日本の伝統文化を守り続けていきたいものです。

新春をテーマに
おせち料理の
主な祝肴を集めて。

椀物

蛤真丈 潮仕立

神馬草、結び人参・大根、末広柚子、祝い粉

- 夫婦円満や長寿の願いを込めて、紅白の相生結びや末広柚子を飾って。
- 神馬草はホンダワラ科の海藻で、お祝いでよく使う食材。地方でいろんな呼び名があるようです。
- 祝儀の料理で椀物の吸い口に胡椒を使う場合に、祝い粉といいます。

※作り方は104ページ

蛤の身を混ぜた真丈で
餅を包み、雑煮風に。

名前と見た目の通り、
華やぎのあるお祝いの造り三種。

向付

松竹梅盛り

松皮鯛、竹いか、梅花鮪

●鯛の皮は松の木の皮のように切り目を入れて。いかは節目をつくった切り方と、うっすらと透けてみえる大葉で竹をイメージ。叩いた鮪を丸めて花びらにし、中央に黄身酢を添えて梅の花に見立てて。見るからにおめでたい盛り合わせゆえ、年始などにつくると喜ばれるでしょう。それぞれの造りの色合いが映えるよう、黒塗りの板皿に。

鰤《ぶり》味噌漬 大根いろいろ

●味噌漬は脂の乗った魚に向いた調理法で、旬の鰤や魴鮃《まながつお》にぴったり。そして鰤と合わせたい冬野菜といえば大根。鰤を漬け込んだつぶ味噌で大根を煮込み、さらに大根ステーキに。青身大根は生、紅芯大根は酢漬、と三種の大根をアレンジして。盛りつけもモダンに、ちょっと目新しい鰤大根。

●年末に収穫時期を迎える青身大根は、間引きして収穫されるため間引き大根とも。正月料理に使われることも多く、ミニチュアの可愛らしさを生かして葉つきのまま用います。もろみ味噌を添え、もろきゅうならぬもろ大根に。

※作り方は105ページ

鰤の旨みが移った
味噌煮込み大根をステーキに、
鰤大根の進化系バージョン。

これぞ京の食文化が育んできた
冬の山海の出会い物。

焚合

海老芋と棒鱈

針人参・柚子、菜の花

●海老芋が棒鱈をやわらかくし、棒鱈が海老芋をよりおいしくして。お互いのいいところを出し合い、ないところを補い合い、相乗効果を存分に発揮する。人間も見習いたいものです。

●海老芋は蕪とともに京料理に欠かせない冬野菜で、独特のねばりがあり、煮物にふさわしい食材。とても味わい深い〝芋棒〟ですが、ぺったりして地味な色合いなので、針人参で高さを出し、柚子の色と香りを加えて。

蒸物

蟹蕪蒸し 銀あん

蕪菜、わさび、あられ柚子

●冬場に甘みが増す蕪は、そのまま生でも煮ても焼いても漬けてもすりおろしてもよしと、多様な料理に展開できる素材。蕪蒸しというから主役のはずなのに派手さはなく、それでも蟹の立て方と自身の化け方が見事な名優ぶり。とても包容力のある万能野菜です。ここでは京野菜の一種で、千枚漬けの材料としても知られる聖護院蕪を使います。

●蟹も言わずと知れた極上の冬の味覚。身が詰まった脚には甘く上品で深い味わいがあります。

底冷えする冬に最高のごちそう
すりおろした蕪と蟹の組み合わせ。

深いまるみのあるすっぽんの出汁を
まるごといただく。

食事

丸ぞうすい

焼餅、焼葱、針葱、生姜

●通称「丸」の高級食材すっぽんは、川魚文化が花開いた京都をはじめ、関西の料理屋ではよく使います。ぞうすいは丸鍋の〆として提供する店も多いですね。すっぽん出汁は、独特の臭みを消すため、酒をたっぷり使います。丸ぞうすいにおける三種の神器のような存在の、お餅と葱と生姜とともに。熱々は身も心もほっこり温まるはず。

甘味

いちごのどら焼

カスタード、餡子

百合根汁粉

柚子甘煮、梅肉、ミント

●餡子をパテ、カスタードをマヨネーズ、いちごをトマトと見立て、小さな生地にはさんだハンバーガー風のミニどら焼きに。レタスがわりにバジルの葉を入れてもいいでしょう。

●百合根をすりおろして牛乳でのばしたお汁粉は、優しい甘さの滋味深い味。中にしのばせた柚子の甘煮がアクセント。料理ではいつも脇役的な百合根ですが、デザートに使うと一気にポジションがアップ。そのポテンシャルはなかなかのものだと常々感じています。注いだ上部はふわふわのカプチーノ風に。

ミニハンバーガーのような
どら焼きをおともに、
百合根が主役級デザートに。

冬の献立Ⅱ

立春大吉《りっしゅんだいきち》

立春大吉は、もともと禅寺で厄除けの御札として貼ったことがはじまりといわれます。節分は季節の節目「立春・立夏・立秋・立冬」の前日のことで年四回ありますが、立春前日の節分の日が最初に思い浮かびます。寒さ厳しい二月はおいしい寒物がふんだんにそろい、料理人の腕が鳴る時期でもあります。

八寸

節分の候

枡大根、煮豆、生子柔煮
鰯マリネ
鬼生子
鬼面海老
阿多福百合根
金棒千社塔
小さな恵方巻

●節分をテーマにした八寸は、春の花見弁当と同じくミニサイズ。恵方巻きは本来、大きく〝丸かぶり〟するものですが、小さなひと口サイズに。鰯はマリネにし、煮豆はコリコリした生子柔煮とともに枡大根に詰めて。もどした干生子は棘を鬼の角に見立て鬼生子、海老は頭を出して鬼面に、金棒は千社塔で表現。丸くむいた百合根は阿多福をイメージして。

節分をテーマに
鬼は外、福は内を
ほがらかに。

椀物

白子みぞれ仕立

焼餅、うぐいす菜、あられ柚子・金時人参

●蕪のすりおろしを出汁に合わせ、相性のよい鱈の白子を炙り、焼餅とともに。あられにした柚子と金時人参で香りと彩りをプラス。優しいみぞれ汁と濃厚な白子が絶妙に調和します。

●みぞれの名は、おろした蕪や大根の白さと様子を冬のみぞれに見立てているところから。おろした蕪が出汁になじむように、葛粉でごく薄くとろみをつけて。

ふっくらクリーミーな白子と
すりおろした蕪を合わせた
冬ならではのお椀。

この時期、ぐんとおいしくなる寒物。
三種それぞれの特長を生かして。

向付

寒物三種

寒鰤柚子〆――柚子おろし、辛子
寒鮃《ひらめ》薄造り――あん肝ポン酢
寒鰆《さわら》味噌〆――奈良漬巻

●脂乗り上々の鰤は、塩をして柚子果汁で締め、柚子おろしと辛子でさっぱりと。薄造りにした鮃は、旬のあん肝を混ぜたポン酢で、より複雑な味わいを引き出して。新鮮な鰆は味噌で2日ほど締めて熟成させ、奈良漬のスライスで巻きます。これは店オリジナルで、奈良漬のカリカリ食感と風味が鰆の旨みと合わさり、他所にはない佳味を奏でます。
●奈良漬にちなみ、器は奈良の赤膚焼《あかはだやき》に。東大寺二月堂、猿沢池、鹿が絵付けされています。

焼物

魴鰹《まながつお》粕漬
九条仕立

一味

●これまた脂が乗った魴鰹を、醤油とみりんを合わせた酒粕に漬け、九条葱をのせてこんがり焼き上げて。

●やわらかくて内部のとろりとしたぬめりが何ともいえないおいしさの九条葱は、京野菜のひとつ。その甘みと風味プラス一味の辛味をきかせ、粕汁の味もイメージ。

●春の春鱒蕗味噌田楽や秋の鰤柚庵焼のように、茶懐石風に大皿に盛りつけて。

酒粕に漬けた魴鰹に
甘くやわらかい九条葱を
のせてこんがりと。

鯛と蕪も極上の冬の出会い物。
どちらも素材の味を生かして薄味に。

焚合

鯛蕪田楽

蕪菜、針柚子、赤胡椒

●鯛の旨みを蕪にじっくりと含ませた、寒い冬ならではの焚合。それぞれの味わいがいきいきと表れるように薄味で炊き、田楽味噌のコクと甘さでさらにおいしさを引き立てるのがポイント。赤胡椒の外皮を散らし、彩りを添えて。

酢物

てっちり小鍋
ポン酢酢あん

水菜、もみじおろし、叩き葱

●てっちりは、関西では蟹とともに人気が高い冬の鍋物。通常はふぐや野菜を昆布出汁などで炊き、ポン酢と薬味をつけて食しますが、ここではあえてポン酢あんで仕上げた小鍋に。鍋とはいえ、温かい酢の物としての一品に。

●肉厚でぷりぷりとした豊かな味わいの高級魚ふぐ。ふぐは「鉄砲」の俗称があることからてっちりと呼ばれ、ふぐちりともいいます。鯛や鱈など白身魚の鍋全般がちり鍋で、魚の切り身を熱い鍋の中に入れると身がちりちりと縮んでいく様子から名づけられたそう。

冬の鍋の定番、てっちりを
温かい酢の物として。

温かい小鍋のあと、
柚子風味の冷たい出汁でつるつるといける。

食事

唐墨そば

大根、棒柚子、あさつき

●これまでの食事はお米を使った一品だったので、この冬の献立ではそばをもってきました。それに、前の酢の物が温かい小鍋なので、あえて冷たいそばに。相性のよい唐墨と合わせ、唐墨といえば大根、そばには辛味大根と、数珠つなぎの組み合わせ。和風唐墨パスタのイメージも意識して。

●唐墨は冬のはじめに仕込み、仕上がるのが年始。店ではお正月に銀シャリや餅と合わせてお出しすることも。

甘味

みかんの葛湯
海老芋ソフトクリーム

●みかんは、果汁で葛を溶いたホットみかんにして実を浮かべて。いわゆるホットレモンよりも甘くてとろみの強いジュースに。

●ゆでた海老芋を牛乳と生クリームでのばしてソフトクリーム状に。アイスのソフトクリームではありません。海老芋独特の甘さとねっとり感、細やかな繊維が、よりなめらかな舌ざわりのデザートへと変身。海老芋も百合根同様、デザートにも向いている食材ですね。

※作り方は108ページ

ほっと心なごむホットみかんと
とろりあまやかな海老芋と。

プロの料理人は段取り上手。まかないも工夫して楽しみ、「美しいおいしさ」を追い求める

幼少時代の料理との出会い

奈良県の田舎で生まれ育ち、春は山菜、夏は鮎など、新鮮な野のもの、川のものが手に入る環境でした。料理上手な母親の影響で小さい頃から台所に立つのが好きで、小学校に上がると、見よう見まねで炒飯や焼きそばをつくり、家族や遊びに来た友だちに振る舞ったり。食い意地の張った子どもだったので(笑)、つくっては食べるを繰り返すうちに、こうしたらもっとおいしくなるかな?と自分なりに工夫を凝らすという観念は、今の仕事のベースになっているのかもしれません。

日本料理の料理人を志すきっかけ

高校生のとき、板前さんの仕事ぶりを追いかけるテレビ番組を見て、かっこいいなと憧れました。その後、やはりこの世界に入りたいと一念発起。日本料理の粋を吸収できるのは京都だと思い、京都のホテルの和食店で修業をはじめました。当時の料理長に基礎を学んだのですが、とにかく手が早い人でしたね。今でも念頭に置いているのは、プロの料理人はスピードが肝心だということ。もちろんテクニックも大切ですが、包丁を使う仕事は1日の全体の2割程度。材料の下準備、道具の手入れ、並べた器に料理を盛りつけるなど、幾多の細々とした作業をこなす必要があります。

段取りから発想が生まれる

時間をかけて丁寧に、とは聞こえはいいですが、料理を楽しみに待つお客様を相手にする職業人としては理に適っていません。何でもとにかく急げというのではなく、きちんと手際よくやる、がプロの仕事ではないでしょうか。ベストなタイミングで料理をお出しできるよう、先々

のことを逆算してこなしていく。特に日本料理は仕込みの料理といわれるほどですから、仕上がりまでの工程がたくさんあります。さぁ次は田楽や甘露煮を仕込みましょうかでは遅い。段取りを考えてこなすうちに、工夫の仕方や発想の引き出しが増えていきます。

料理人として大事にしていること

根本にあるのは素材を無駄にしないこと。見映えがする飾り切りの余った切れ端や皮の部分、あるいは造りで提供する魚のアラや骨をいかに有効利用するか。ものをきれいに、しかも合理的に扱うということは、道具の手入れや店の掃除などはもちろん、自身の身のまわりや内面を整えることにも通じるでしょう。

調理のなかで自分の得意分野は

包丁技と答えるところかもしれませんが、まかないですね。修業時代、まかないを任されたときはうれしかったものです。時間や味にうるさい先輩方に自己アピールできる絶好の機会ですから。限られた材料と時間でメインと副菜を考案するうちに、味つけの調整ができるようになり、バリエーションの幅が広がり、腕も上がる。10年後、お客様に満足いただける料理がつくれるかという試金石になるのでは。今でも、新しい従業員に「うちはこんな感じでやっているよ」というのを伝えるために、私がまかないをつくることがよくあります。

「美しい日本料理」のとらえ方

日本料理は優れた芸術品ともいわれますが、鑑賞用の写真でも絵画でもなく、あくまでも食べるものです。もちろん見た目はとても重要で、色やデザインなど料理のたたずまいには気を配ります。しかしその見た目の美しさは、口に入れるまでの前座的な立ち位置であり、本題は実際に味わってどう感じるかで決まると思っています。具材の大きさや歯ごたえ、味の濃淡など、全体をバランスよく表現できているか、食べ手にしっかり伝えることができるか。私が特に大事にしているのは食感と香りです。しっとりやわらかい茄子にコリッとしたさやえんどうを合わせたり、魚に木の芽や辛子、胡椒などスパイスを添えたり、さわやかな柚子の香気でメリハリをつけたり。見えない基礎の部分や素材の組み立て方に、「また食べたい」と引き寄せられるような美しいおいしさが宿っている。そう信じて日々仕事に向き合っています。

桜鯛酒蒸し西京仕立

材料（4人分）

桜鯛	4切(1切40g)
わらび	8本
うど	40g
蓬麩	120g
塩	適量
昆布	10cm角
酒	少々
せり	少々
辛子	少々
花穂	少々

〈白味噌汁〉

出汁*	600cc
白味噌	100g
八丁味噌	5g

＊出汁：90 ～ 108ページの材料内にある出汁はすべて「二番出汁」(112ページ参照)のこと。

作り方

1 桜鯛にまんべんなく塩を振り、2時間～半日ほどなじませる。

2 わらびをゆがく（139ページ参照）。

3 うどは約5cm幅の節にとり、桂むきにしてから針に切る。水にさらしたのち、少量の酢（分量外）を落とした水につけておく。

4 蓬麩は食べやすい大きさに切り、塩をあて、両面をこんがり焼く。

5 昆布を敷いたバットに1を並べて酒を振り、約8分蒸す。

6 白味噌汁の材料を合わせて温める。

7 4と5を椀に盛り、6を注ぎ、2、3、刻んだせり、辛子、花穂を添える。

調理ポイント

- うどは酢水につけると変色しにくくなる。
- 魚や貝の酒蒸しは昆布を敷くことで旨みがアップ。
- 味噌汁全般、特に白味噌は風味が落ちないよう煮立つ前に火を止めること。

若筍と目張の焚合

材料（4人分）

筍……300g
目張……4切（1切40g）
わかめ……200g
蕗……1本
木の芽……8枚
出汁……適量
A：酒・みりん・塩……各適量
薄口醤油……少々
鰹節……適量
八方出汁（116ページ参照）……適量
吸地（116ページ参照）……適量

作り方

1 筍をゆでる（138ページ参照）。
2 1の筍の皮をむき、たてに半分に切り、出汁で煮込み、Aと薄口醤油を入れ、追い鰹をしてじっくり煮込む。
3 目張は霜降りし、八方出汁で煮込む。
4 わかめの節を取り、3cm角に切り、2の煮汁でやわらかく煮込む。
5 蕗は塩（分量外）で板ずりし、少々の重曹を入れた湯でさっとゆで、冷水に落として皮をむいておく。
6 5の蕗を細長く切り、3本ほど束ねてひとつ結びにして吸地で煮込む。
7 器に2、3、4、6を盛りつけ、木の芽を添える。

調理ポイント

- 煮物では鰹節と昆布でとった出汁を使うが、さらに鰹節を加える「追い鰹」をすると、旨みが増してしっかり味がつく。
- 湯の中にさっと通すか熱湯をかける「霜降り」は、魚の臭みを抑えるためにする下処理のひとつ。出汁や煮汁の雑味をなくし、調味料の使用量を減らすこともできる。

油目葛叩き うすい豆すり流し

材料（4人分）

油目	4切（1切40g）
うすい豆	150g
人参	少々
葛粉	適量
吸地（116ページ参照）	適量
塩	適量
胡椒	少々

〈玉子豆腐〉

卵	4個
出汁	200cc
薄口醤油	少々

作り方

1 うすい豆は塩を少しまぶしてなじませ、少量の重曹を入れた湯でやわらかくなるまでゆで、鍋のまま氷水につけて冷ます。

2 玉子豆腐の材料を混ぜ合わせ、ざるで二度漉して流しカンに流し、強火で約2分、表面が白っぽくなったら弱火にして約10分蒸して固める。

3 油目は骨切りし、塩をあててなじませる。

4 [1]のうすい豆を裏漉しし、薄葛でとろみをつけた吸地と合わせる。飾り用の豆は残しておく。

5 [3]の油目にまんべんなく葛粉をまぶし、熱湯に入れ火を通す。

6 1cm厚×5cm角に切り分けた[2]、その上に[5]を椀に盛り、[4]のすり流しを張り、飾り用のうすい豆と花びらに切った人参を添え、胡椒をかける。

調理ポイント

- 吸地に少しとろみをつけることで、うすい豆の裏漉しがなじみやすくなる。
- うすい豆には胡椒の味がアクセントになるので、最後にぜひかけたい。

春鱒蕗味噌田楽

材料（4人分）

春鱒	4切（1切40g）
蕗のとう	8個
百合根	適量
塩	少々
揚げ油	適量

〈白味噌田楽〉

白味噌	100g
酒	20cc
みりん	20cc
砂糖	15g
練り胡麻	15g

作り方

1. 春鱒の両面に軽く塩をする。
2. 白味噌田楽の材料を合わせ、火にかけて練る。アルコールが飛び、2割ほど少なくなり固まってきたところで、火を止めて冷ます。
3. 蕗のとうをたてに半分に切って素揚げし、油をしっかり切って細かく刻む。
4. 2と3を合わせて蕗味噌をつくる。
5. 1に串を打ち、皮目をパリッと香ばしく焼き、裏返して4をのせてさらに焼く。
6. 器に5を盛り、花びらに切った百合根（122ページ参照）を添える。

調理ポイント

・蕗のとうはゆがいて水にさらしてから白味噌田楽に混ぜてもよいが、揚げたほうが味がマイルドに仕上がる。

蛤桜蒸し 共地あん

材料（4人分）

蛤	4個
こごみ	4本
百合根	4片
桜葉塩漬	4枚
桜花塩漬	4個
わさび	少々
酒	少々
吸地（116ページ参照）	適量
道明寺粉	100g
揚げ油	適量

作り方

1. 蛤を酒蒸しにして身を取り出し、その蒸し汁につけておく。
2. 吸地に1の蒸し汁を足し、食紅（分量外）で薄いピンク色にして温め、道明寺粉と混ぜ合わせて約1時間含ませる。
3. こごみはさっと揚げ、吸地につけておく。
4. 2に蒸した百合根を加えて俵に形どり、1の蛤をのせて桜葉で巻く。
5. 4を約8分蒸す。
6. 1の蒸し汁を調味してあんにする。
7. 器に5を盛り、6をかけ、3、わさび、桜花を添える。

調理ポイント

・「共地」は、具材を煮た調味料や、その一部から取った出汁のこと。
葛粉や片栗粉でとろみをつけたのが共地あん。
道明寺にもあんにも蛤の蒸し汁の旨みを移す。

川物そろえ 素麺 ミント風味

材料（4人分）

鮎……4尾
あまご……4尾
川海老……4尾
鰻……1/2本
ごり……500g
卵黄味噌漬（半熟玉子）……1個分
素麺……2束
胡瓜……1本
酢みょうが……1本
ラディッシュ……1個
塩……少々
酒・砂糖・醤油……各適量
揚げ油……適量

〈素麺出汁〉
出汁……500cc
薄口醤油……50cc
みりん……50cc
鰹節……ひとつまみ
ミント……少々

作り方

1 川魚をそれぞれ調理する。鮎は塩焼き、あまごと川海老は素揚げ、鰻は骨切りをして唐揚げ、ごりは酒・砂糖・醤油を合わせたものに生きたまま火を入れて煮詰めていく。

2 卵黄味噌漬を裏漉しし、小さく丸める。

3 素麺出汁の材料（液体）を合わせて温め、沸いたところで追い鰹をしてミントを加え、冷やしておく。

4 素麺は細く束ね、片方の端を輪ゴムで留めてゆでる。

5 4を冷水で締め、水気を切り、輪ゴムを取って皿に渦を巻くように盛りつける。

6 5に1の川魚を盛り、2、渦巻胡瓜、輪切りした酢みょうがとラディッシュを添え、3を注ぐ。

調理ポイント

・渦巻胡瓜は、皮をむいた1cm程度の輪切りを桂むきにし、冷水にさらして水気を切る。

蛸柔煮 白ずいき
アボカドがけ

材料（4人分）

蛸の足	1本
白ずいき	1本
アボカド	1個
南瓜	50g
ナスタチウム	4枚
花穂	少々
吸地（116ページ参照）	適量
塩	適量

〈蛸煮汁〉

出汁	200cc
濃口醤油	20cc
酒	50cc
砂糖	50g

作り方

1 蛸の足は塩でもみ、ぬめりや塩を洗い流し、冷凍する。

2 白ずいきは皮をむき、少量の大根おろしと酢（ともに分量外）を入れた熱湯でゆでてアクを抜き、水にさらす。

3 [2]のずいきの片端を皮で結び、沸騰した吸地にくぐらせて丘上げする。冷ました吸地にもどし、味をなじませる。

4 アボカドは裏漉しし、塩で下味をつける。

5 南瓜は薄くスライスして針に切り、水にさらす。

6 [1]を解凍し、霜降りして蛸煮汁に入れ、2時間ほど蒸し煮にする。

7 [6]の蛸が冷めたらひと口大に切り分け、蛸煮汁と[3]とともに器に盛り、[4]をかけ、[5]の針南瓜、ナスタチウム、花穂を添える。

調理ポイント

- 酢はアクの強い野菜の酸化や変色を防ぐ。
  また、酢水につけるとでんぷん質の働きが止まり、ずいき特有のシャキシャキ感を残してくれる。

  大根おろしもアク抜きに用い、ずいきのえぐみをやわらげる役割がある。
- 「丘上げ」は、ゆでた野菜などをざるなどに上げて水気を切り、冷ますこと。水にとると水っぽくなったり味が損なわれたりする場合はこの方法で。

鱸酒盗焼と蓼酢焼

材料（4人分）

鱸	8切(1切60g)
酒盗	適量
蓼	1パック
みょうが	2本
らっきょう	2本
塩・酒	各適量
甘酢	適量

作り方

1. 鱸の酒盗焼きのほうは薄塩、蓼酢焼きのほうは塩焼きの塩加減でなじませる。
2. 酒盗は包丁で叩いて細かくし、酒でのばしておく。
3. 蓼は葉の部分だけすり鉢でつぶし、甘酢でのばしておく。
4. みょうがとらっきょうをゆがき、甘酢に漬ける。
5. 1の鱸に2の酒盗と3の蓼酢をそれぞれ塗って焼き上げる。
6. 器に5をそれぞれ盛り、酒盗焼きにには4のらっきょう、蓼酢焼きにはみょうがを添える。

蛇腹蛸と糸瓜の酢の物

材料（4人分）

蛸の足	1/2本
糸瓜	1本
マスカット	4粒
花穂	適量
塩	適量
吸地（116ページ参照）	適量

〈生姜ジュレ〉

出汁	300cc
薄口醤油	20cc
みりん	20cc
すだち果汁	20cc
おろし生姜	適量
ゼラチン	1枚

作り方

1 蛸の足は塩でもみ、ぬめりや塩を洗い流し、包丁ですくように皮と中の身の部分とをそぎ分ける。身はさっと熱湯にくぐらせて霜降りし、吸盤はしっかりゆでる（132ページ参照）。

2 糸瓜を3等分に輪切りし、熱湯でゆでる。串がすっと入るようになれば水にさらし、手でもむようにほぐす。

3 生姜ジュレの材料を合わせて温め、冷ましてから泡立て器でジュレ状につぶしておく。

4 2を沸騰した吸地にさっとくぐらせ、ざるにあげて水気を切り、冷ました吸地にもどして味を含ませる。

5 1の蛸の身を薄く蛇腹にスライスし、吸盤は一つひとつ切り離す。

6 器に4を盛り、3を注ぎ、5とマスカットをのせ、花穂を添える。

調理ポイント

・マスカットのほか、キウイの甘みと酸味を合わせても。

鰤柚庵焼

材料（4人分）

鰤	4切(1切40g)
蕪	1/4個
塩	少々
甘酢	適量
みりん	少々

〈柚庵地〉

酒	200cc
濃口醤油	100cc
みりん	100cc
柚子	1個

作り方

1 柚庵地の材料（液体）を合わせ、一度煮出してアルコールを飛ばす。

2 [1]に輪切りの柚子を加え、鰤を半日ほど漬けておく。

3 蕪の皮をむいて輪切りにし、切り離さないよう下は5㎜を残して格子状に切り目を入れ、2㎝角に切る。

4 [3]を塩水で締めたのち、絞って水気を切り、甘酢に漬ける。

5 [2]の鰤の片端を巻き込んで串に打ち、こんがり焼き上げ、仕上げにみりんを塗ってつやを出す。

6 器に[5]を盛り、[4]の菊蕪を添える。

調理ポイント

・**4**の甘酢に漬けた蕪は、切り目を開くと菊の花になる。
菊蕪の中央に鷹の爪の輪切りや梅肉を飾って。

鴨ロースと吹き寄せ仕立

材料（4人分）

鴨ロース	2枚
南瓜	1/4個
京人参	1/2本
さつまいも	1/2本
金柑	4個
胡瓜	適量
塩	少々
辛子	少々

〈鴨ロース地〉

酒	200cc
薄口醤油	100cc
みりん	100cc
砂糖	50g

作り方

1 鴨ロースは余分な脂と筋を取り除き、フライパンで皮目だけをこんがり焼く。

2 鴨ロース地の材料を合わせ、火にかけてアルコールを飛ばし、1を入れてひっくり返しながら約10分蒸し煮にする。

3 南瓜は木の葉、京人参はもみじ、さつまいもはいちょうに切り、塩蒸ししておく。

4 2の鴨ロースを煮汁から取り出し、金串で身を刺して血抜きし、煮汁と鴨ロースを別々に冷ます。

5 金柑はたてに筋目を入れて種を取り、少しつぶして菊花に見立て、4の煮汁の表面に浮いた脂を取り除き、漬けておく。

6 4の鴨ロースを金柑の風味がついた5の煮汁に漬けもどし、味を含ませる。

7 6を薄くスライスし、3と5の金柑とともに器に盛り、松葉に切った胡瓜、辛子を添える。

調理ポイント

- 蒸し煮にした鴨ロースは、金串で4～5カ所を突き（針打ち）、吊り下げて血抜きする。
- 松葉胡瓜は、切り離していない先の部分に黒胡麻をつけたり海苔を巻くと、より松葉らしい雰囲気に。

鯖寿し 昆布おろし

材料（4人分）

鯖……1/2尾
寿司飯……適量
とろろ昆布……適量
大根おろし……50g
塩……適量
生酢……適量

〈松葉に刺す具〉
枝豆・黒豆・銀杏……各4粒
海老・数の子・干いちじく……各適量

作り方

1 鯖は三枚におろし、腹骨は残したまま強めの塩をあて、2時間～半日ほどおく。

2 とろろ昆布はざるに広げて1日風に当て、乾燥させてから粉状にし、大根おろしと混ぜる。

3 1の塩を洗い流し、少し水につけて塩気を抜く。

4 3の水分をペーパータオルでよく拭き取り、生酢に10～15分漬け、ざるにあげる。

5 4の腹骨を血合いごと抜き取り、ラップの上に皮目を下にして置き、その上に棒状にした寿司飯をのせてくるみ、巻き簾で押して形づくる。

6 5をラップごと切り分けてから器に盛り、上に2をのせ、松葉に刺した具を飾る。

調理ポイント

・鯖を三枚におろして腹骨を残しておくことで、
腹の部分に酢がまわり過ぎるのを抑えることができる。

鰻と冬瓜の吸い物

材料（4人分）

鰻	1本
冬瓜	1/2個
平茸	適量
すだち	少々
おろし生姜	少々
針唐辛子	少々
塩	少々
吸地（116ページ参照）	適量

作り方

1 鰻は開いて白焼きにし、食べやすい大きさに切る。骨は焼いておく。

2 冬瓜は表面の鬼皮を包丁でこそげるように削り、サクに切る。皮目に斜めに細かく切り目を入れ、塩と重曹を混ぜてすり込み、2時間ほどおいてなじませる（140ページ参照）。

3 2をやわらかくなるまでゆで、水にさらして青臭みをとる。

4 3の水気をよく切り、1の焼いた骨を入れた少し濃いめの吸地で煮込み、冬瓜に火が通ったら熱々のままバットにあげて水分を飛ばす。

5 4の冬瓜と吸地がどちらも冷めた時点で、冬瓜を吸地にもどし、味を含ませる。

6 5の冬瓜を食べやすい大きさに切り分けて温め直し、1の鰻とともに椀に盛り、素揚げにした平茸、輪切りにしたすだち、おろし生姜、針唐辛子を添える。

スイカとメロンのシャーベット

材料（4人分）

スイカ	400g
メロン	400g
じゅんさい	40g
黒豆	8粒
ゼラチン	2枚
砂糖	適量
アマレット	少々
ラム酒	少々

〈シロップ〉

水	100cc
砂糖	100g

塩	少々

作り方

1 スイカとメロンの果肉を各4個分丸くくり抜く。

2 [1]の残りの果肉をそれぞれミキサーにかけ、溶かしたゼラチンを加えて混ぜ、砂糖で甘さを調節する。スイカにはアマレット、メロンにはラム酒を入れて香りをつけ、凍らせる。

3 じゅんさいは熱湯にさっとくぐらせて色出しし、シロップに漬けておく。

4 [2]を少し溶かしてミキサーでなめらかにし、縁に塩をつけたグラスに注ぎ、[1]と[3]を浮かべ、黒豆をのせる。

調理ポイント

・じゅんさいは、熱湯に通すと色鮮やかな緑色に変わる。
野菜の色をきれいに仕上げるために熱湯に通す作業が「色出し」。
青菜などをゆでたあと、冷水に落として色をきれいに仕上げるのが「色止め」。

みかんの葛湯

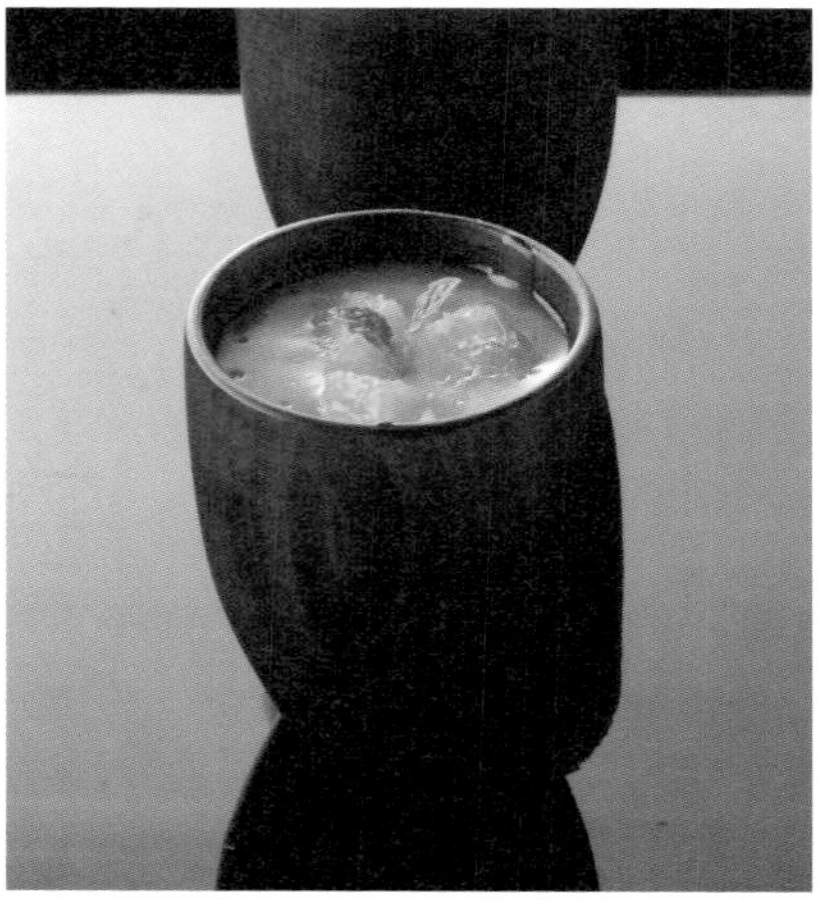

材料（4人分）

みかん	2個
砂糖	適量
葛粉	少々
コアントロー	少々
ミント	4枚

作り方

1 みかんの実を少し残し、あとは果汁をしぼる。

2 1の果汁を火にかけて砂糖で味を調え、葛粉でとろみをつける。

3 器に2を注ぎ、1の実を入れ、コアントローを垂らし、ミントを飾る。

海老芋ソフトクリーム

材料（4人分）

海老芋	200g
牛乳	100cc
生クリーム	20cc
砂糖	200g
ラム酒	少々

作り方

1 海老芋をやわらかくゆでる。

2 1を熱いうちに裏漉しし、牛乳、生クリーム、砂糖を加えてフードプロセッサーでなめらかにのばす。ラム酒を加え、さらに混ぜる。

3 器に2をソフトクリーム状にしぼり出す。

調理ポイント

- 海老芋は裏漉しするだけでもよいが、フードプロセッサーで撹拌するとよりなめらかなとろとろ感が出る。

調理の基本1

「出汁をとる」

料理の決め手は出汁

出汁は、日本料理の土台であり、椀物や煮物をつくる上で欠かせない存在です。出汁の出来次第で料理の味が決まるといっても過言ではありません。調味料にいくらこだわっても、出汁がぼやけると料理の味そのものもぼやけてしまいます。おいしい出汁とは、材料（昆布や鰹節）の旨みが引き出され、素材（魚介類や野菜）の味を引き立てているもの。味は旨みのバランスで決まります。香りや味が濃すぎてもおいしい出汁とはいえず、逆に出汁が上手にとれると、薄味でも洗練された味に仕上がるでしょう。

本書では、主な5種類の出汁と、合わせ出汁を紹介します。ひと口に出汁といっても、とてもデリケートなもの。出汁のとり方は料理人の個性が出ます。使う材料の種類や産地、状態によっても異なり、同じ条件でつくったとしても、火加減、気候などで常に変化します。また、レシピページでは、出汁の分量を「適量」として具体的に明記していないものもあります。料理本なのに不親切では？と思われるかもしれませんが、具材との相性や献立の流れ、あるいは地域性や客層などによっても、その都度調整が必要だと考えるからです。とるのも味わうのも奥が深い出汁。香りや色、味を確認しながら、最適な仕上がりを見極めてください。

一番出汁

上品な香りと繊細な味わいが特徴。
透き通った黄金色の一番出汁は、主に吸い物の吸地に用いる。

材料（作りやすい分量）

水	1升(1800cc)
昆布	50g
鰹節	50g

作り方

1. 鍋に水、昆布を入れ、ひと晩つけておく。
2. 昆布がやわらかくもどったら、中火にかける。
3. 沸騰直前で昆布を引き上げ、すぐに火を止める。
4. 玉杓子1杯分程度の水(約70cc) をさして温度を少し下げる(目安は90℃)。
5. 鰹節を入れ、そのまま静かに沈むのを待つ。
6. アクを取り、漉し器で漉す。
7. クリアな出汁のできあがり。

一番出汁のポイント

- 雑味やえぐみを出さないために、昆布は沸騰直前に引き上げ、出汁がらはしぼらない。
- 一番出汁をとった鰹節と昆布の出汁がら(Ⓐ)は二番出汁で使う(112ページ参照)。

二番出汁

一番出汁で使った鰹節と昆布の出汁がらを煮立てて、
旨みを強く引き出した二番出汁。
煮物や味噌汁など幅広い用途で使う。

材料（作りやすい分量）

水 …… 1升（1800cc）
Ⓐ … 全量（111ページ「一番出汁のポイント」参照）
昆布 …… 20g
鰹節 …… 20g

作り方

1 鍋にすべての材料を入れ、強火にかける。

2 沸騰したら中火にし、やや泡が出ている状態でそのまま約10分煮る。

3 昆布を取り出し、漉し器で漉す。

4 ペーパータオルの上から玉杓子で押して軽くしぼる。

5 できあがり。一番出汁よりやや濁りはあるが、旨みが濃厚。

潮出汁

新鮮な鯛のアラを昆布とともに水から煮た潮出汁には、カマ（頭）や骨からの旨みエキスが凝縮。魚の生臭さを残さないよう、丁寧な下処理が大切。

材料（作りやすい分量）

水	1升（1800cc）
鯛のアラ	1尾分（約300g）
昆布	40g
酒	200cc

作り方

1. 鯛のアラの血合いを落としながら水洗いし、水気を切ってバットに並べる。
2. 表面が白っぽくなるまで振り塩（分量外）をする。臭みをとるため、このまま2～3時間おく。
3. 水できれいに洗う。
4. 3を沸騰した湯に入れ、表面が白くなったら引き上げ、冷水にとる。細かい汚れを除く。
5. 鍋に水、昆布、酒を入れ、4を加えて強火にかける。
6. 沸騰したら中火にし、約30分煮る。アクは丁寧に取り除く。
7. 昆布とアラを取り出し、漉し器で漉して、できあがり。

煮物用出汁

3つの旨みを合わせたこっくりとした味わい。
筑前煮や肉じゃがなど、
濃いめの味を求める料理に用いる。

材料（作りやすい分量）

水……1升（1800cc）
昆布……30g
鯖節……20g
煮干し……10g

作り方

1. 煮干しの内臓を取り除き、鍋にほかの材料もすべて入れ、ひと晩つけておく。
2. 火にかけ、グラグラ煮立つ程度の火加減で10分ほど煮る。
3. 少し火を弱めてかき混ぜ、表面のアクを取る。
4. 昆布を取り出し、漉し器で漉す。
5. ペーパータオルの上から玉杓子で押して軽くしぼる。
6. 旨みの強い出汁のできあがり。

精進出汁

昆布に干し椎茸を合わせた出汁は、
精進料理やベジタリアン料理に。
昆布のみの出汁とはまたひと味違った上品な風味と味わいが生まれる。

材料（作りやすい分量）

水……1升（1800cc）
昆布……30g
干し椎茸……30g

作り方

1. 鍋にすべての材料を入れ、ひと晩つけておく。
2. 昆布と干し椎茸がやわらかくもどったら、中火にかける。
3. 沸騰直前で火を止め、漉し器で漉す。
4. ペーパータオルの上から玉杓子で押して軽くしぼる。
5. 素材の味を生かせる上品な味わいの精進出汁のできあがり。

合わせ出汁

合わせ出汁の基本となるのは、一番出汁または二番出汁。出汁を煮立て、醤油、みりん（または砂糖）などで味をつけたもの。ベースは出汁８として、出汁の量でバランスをとり、濃い味にしたいときは少なく、薄味にしたいときは多く、用途によって味加減を変える。

（写真下より）

割合 12：1：1

（吸地）

あっさりと味を含ませるもの、汁を食べる（飲む）ときの出汁。
かけうどん・そば、鍋料理などに。

割合 8：1：1

（八方出汁）

どんな食材にでも合い、あらゆる方面（＝八方）に利用できることから、「八方出汁」または「八方地」などと呼ばれる。まさに万能の合わせ出汁。

八方出汁のアレンジ

• 醤油の種類による「濃口八方」「薄口八方」のほか、醤油の色をつけずに仕上げる「塩八方」、食材のクセや臭みを抑えたり、甘みを足すために酒をきかせた「酒八方」と使い分ける。
• 八方出汁をベースに、鍋料理に向いた「鍋八方」、吸い物の「吸地八方」もあり、こちらも料理によって味を加減する。

割合 5：1：1

筑前煮、蛸と里芋煮など、濃いめの煮物料理のベース。
うどん・そばのつけ汁、天ぷらの天出汁など。

調理の基本2

「野菜の飾り切り」

季節の料理を彩る飾り切り、あしらいの役割

野菜の特性をよく理解し、その持ち味を生かす。

身近な野菜で花鳥風月を表現したり、季節の行事や伝統的な祭事を盛り立てたり。四季折々の日本料理に彩りや香気、味わい深さを添える、野菜の飾り切りやあしらい。さまざまな形に切って何かに見立てるというだけでなく、それぞれの素材の特性をよく理解し、形状や性質を生かして、より美しく仕上げることが大切。

（左上時計回りに）桔梗胡瓜、松笠くわい、桜うど、菖蒲うど、花びら百合根、木の葉南瓜、梅人参

〝目で味わう〟ための技を、料理を軸にデザインする。

〝日本料理は目で味わう〟といわれる通り、飾り切りやあしらいは主役の料理を引き立てる名脇役。献立の一つひとつにどんな情景を思い浮かべて、繊細に仕上げた姿形をどの器にどのように盛りつけるか。すべてが料理を生かす演出法となるため、素材や包丁を扱う技はもちろん、料理を軸にデザインする感性を鍛えたい。

梅人参

梅の時季は１～３月。松竹梅の縁起物としては、１年を通して用いることができる。表面を斜めに切り取ることで表情がつき、料理に華を添える。

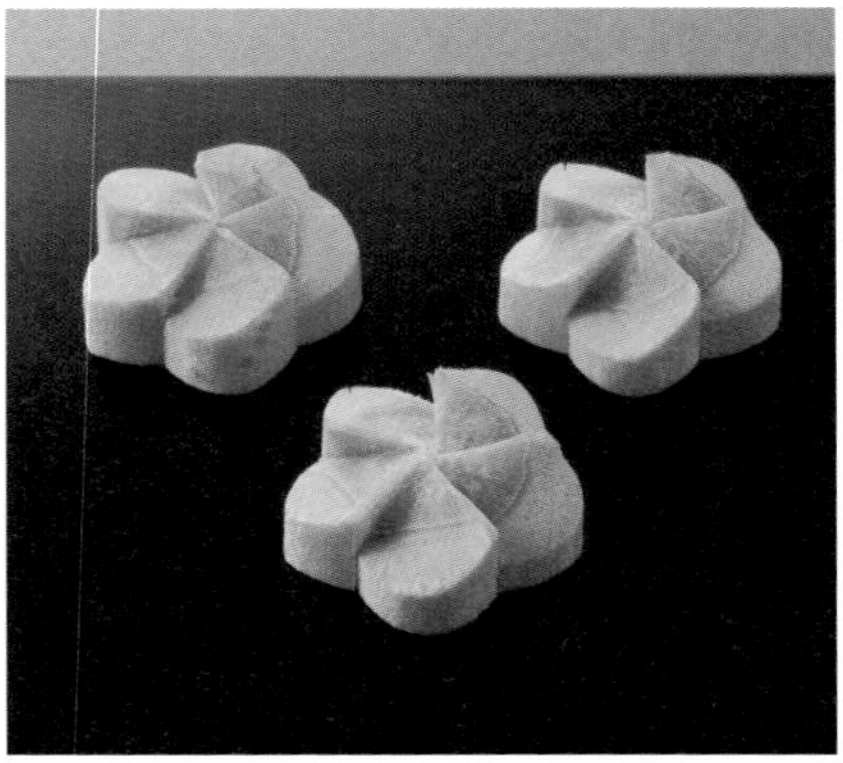

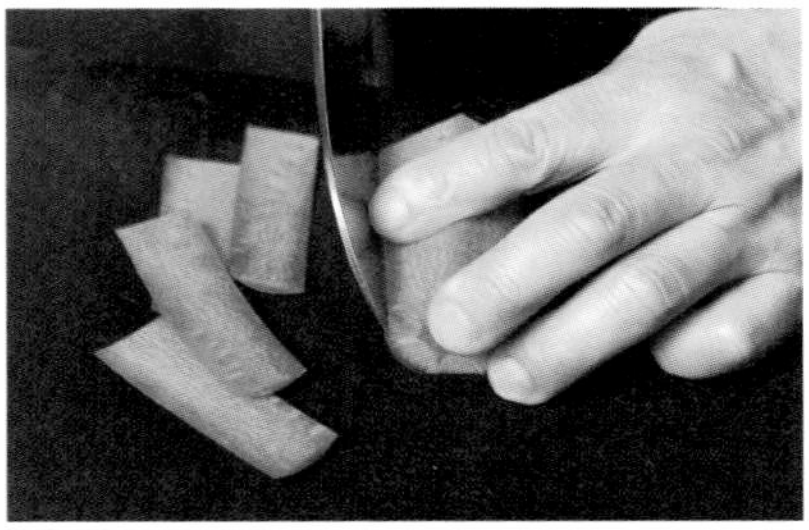

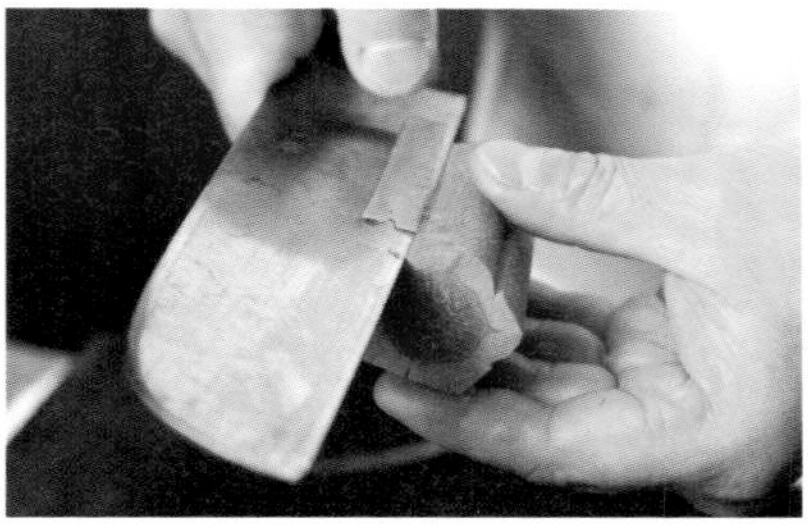

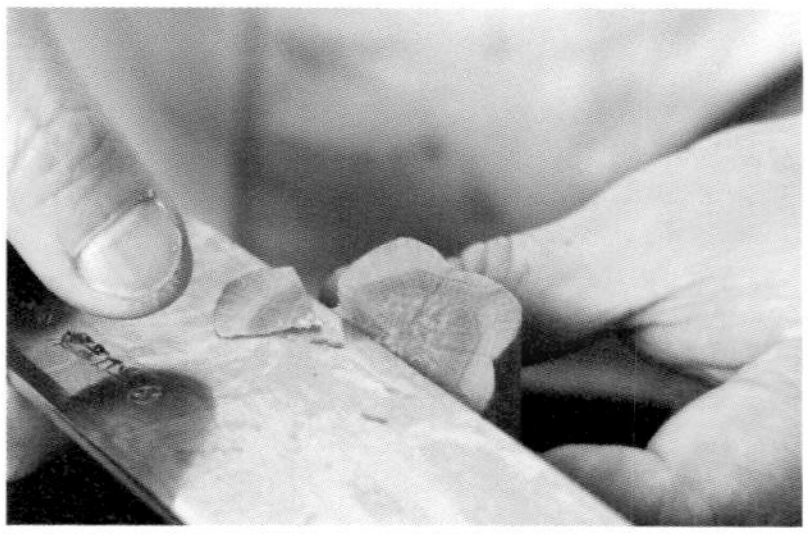

作り方

1 人参は必要な長さに切り、五角*に木取る。

2 すべての辺の中央に深さ3㎜ほどの切り込みを入れる。

3 花びらの丸みを整えながら、切り込みまでむく。ひっくり返し、両面を同様にむく。

4 上面の花びらの側に包丁を入れ、中心に向かって計5本の切り目を入れる。

5 刃を寝かせて切り目までねじりながら、花びら部分を斜めに切り取る。

6 用途に合わせた厚さに切る。

＊五角：角はすべて108度に、辺は同じ長さ、相対する辺の中心に角がくるように木取る。正五角形に木取るのは難しいが、何度も練習して感覚をつかみたい。

松笠くわい

くわいの形を生かし、切り込みを入れて松笠に仕立てる。勢いよく芽が出ることや、茎の先に芽が見えることから、「芽出たい」「必ず芽が出る」縁起物とされる。

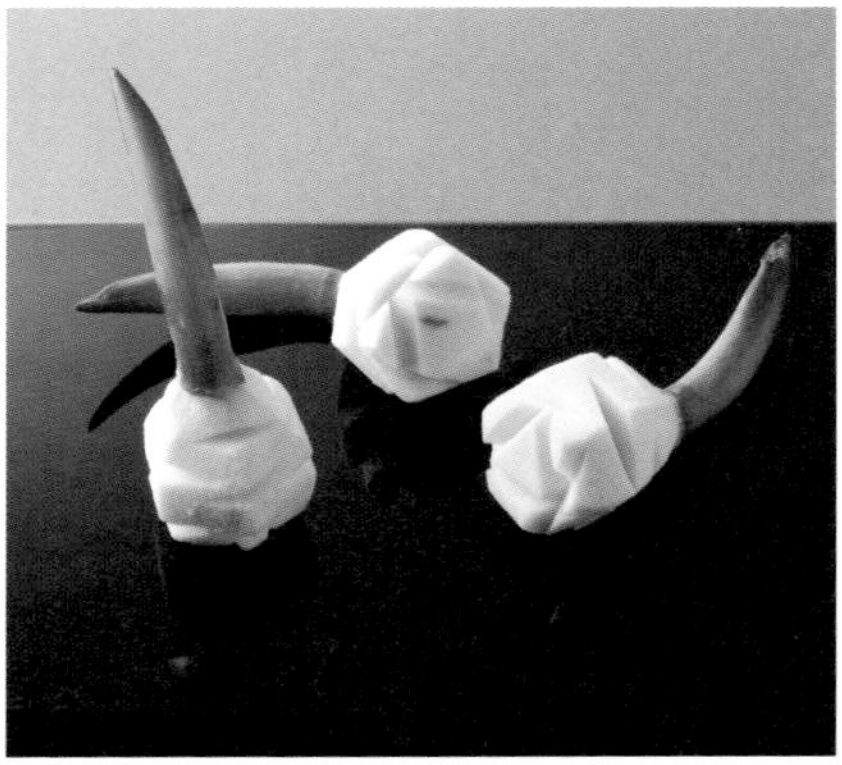

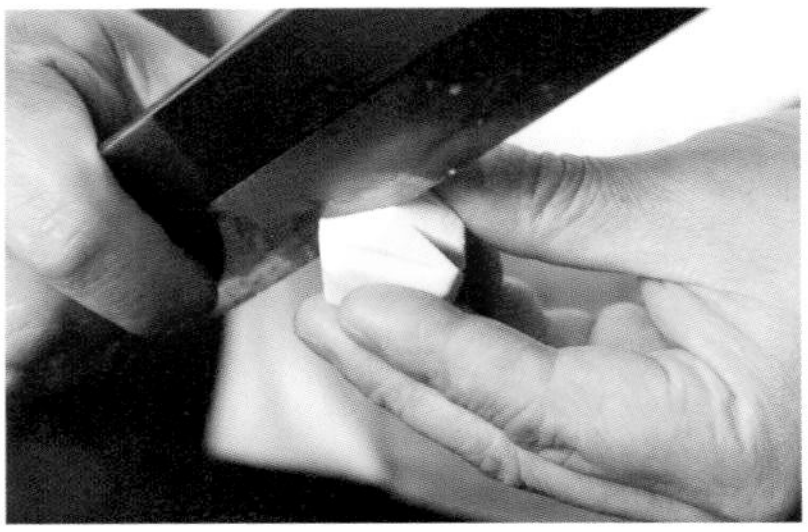

作り方

1. くわいの下部を切り落とす。
2. くわいの形に沿って下から茎まで六方*にむく。
3. 薄皮を手でむいてきれいにした茎側から包丁を入れ、V字に切り取る。
4. 茎側はやや浅く、下にいくにつれて大きく包丁を入れるようにして切り取り、模様を入れていく。
5. 下部まで切り取って松笠の形に整える。

＊六方：里芋や蕪など球形野菜の基本のむき方。断面は六角に、側面は野菜の丸みを生かしながら皮をむく。主に煮物に用い、見映えがよく煮崩れもしにくくなる。

花びら百合根

百合根のりん片の丸みと形を生かし、桜の花びらに見立てる。食紅入りの水でゆでると、切り口だけに色が入り、より雰囲気が出る。

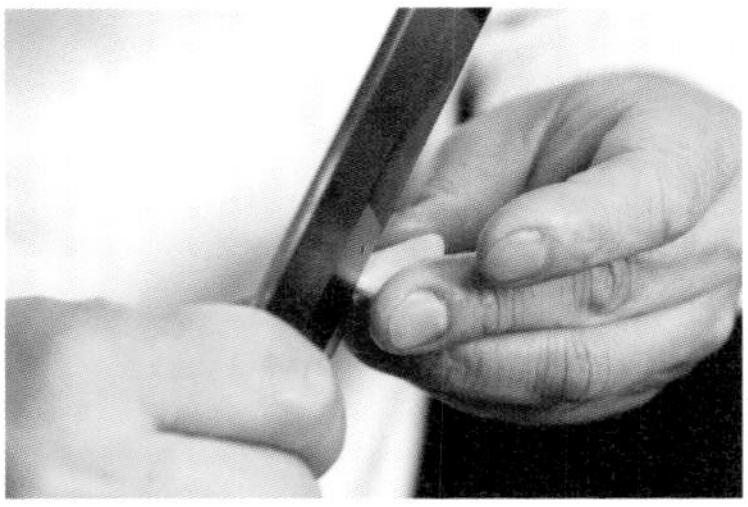

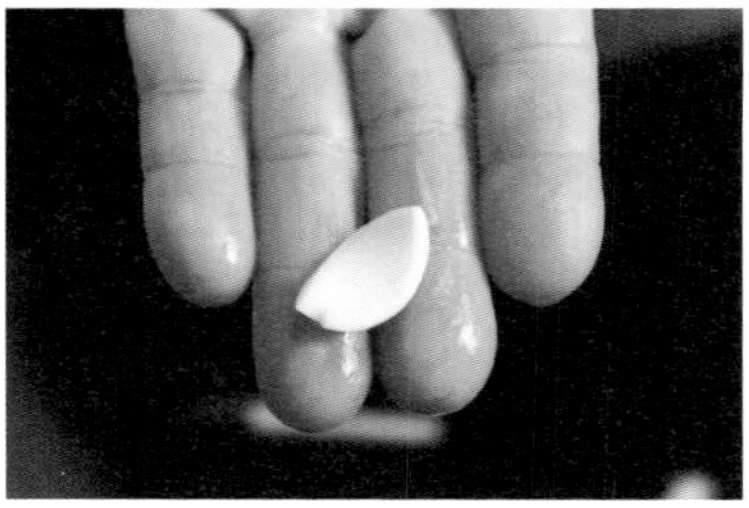

作り方

1. 百合根を一枚ずつはがす。外側の大きなりん片よりも少し内側の小ぶりなりん片を使うとよい。
2. りん片の自然な曲線を利用し、花びらの形に輪郭を整える。
3. 花びらの先端になる部分をV字に切り取る。

ワンポイント

・鍋に水と少量の食紅を入れ、花びらの形に完成した百合根をゆでると、切り口がピンクに染まる。

菖蒲《あやめ》うど

うどは、真っ白な美しさと切りやすさから、飾り切りに適した素材。菖蒲の葉は直立し、5月頃に紺色の花をつける。外花被片（前面に垂れ下がった花びら）に網目模様があるのが特徴。

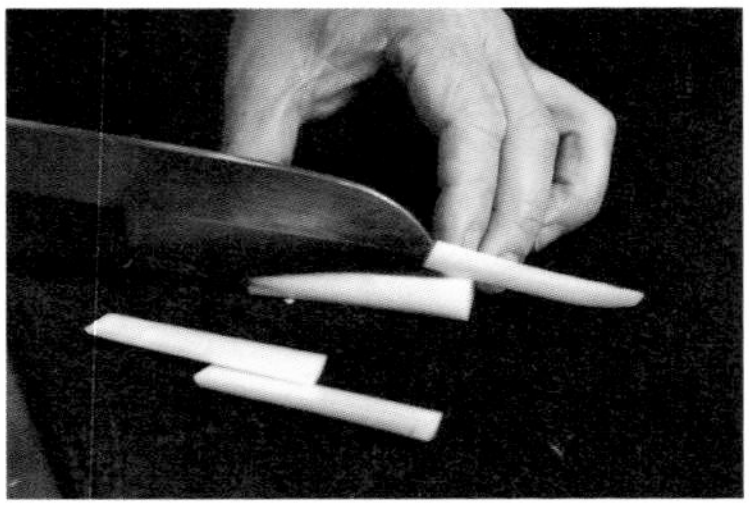

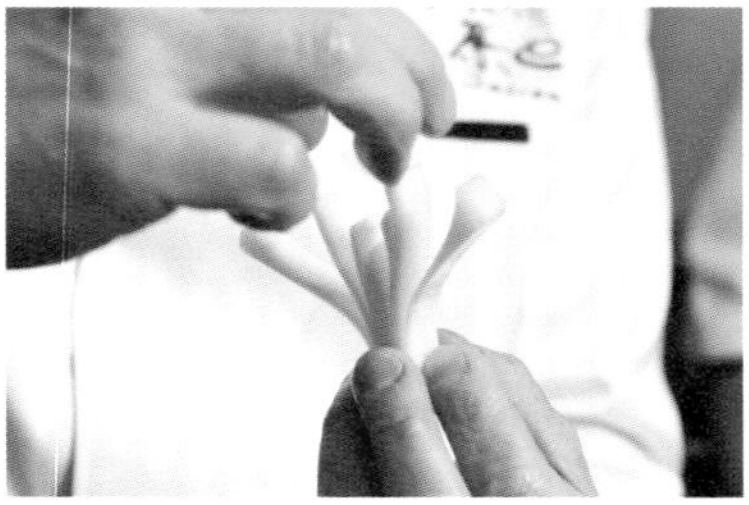

作り方

1. 皮をむいたうどを5cm×1.5cmほどの短冊に切り、次に台形に切る。少しかたい繊維があるので、皮は厚めにむく。
2. 左右対称に切り込みを入れる。厚みをそろえないと、バランスが悪くなるので注意。
3. 端を指でつまみ、左右に開いてくせをつける。
4. 水にさらし、さらにシャキッと開かせる。

桔《き》梗《きょう》胡瓜

ひと息にむき、勢いのあるラインで桔梗の花を表現。
1本の胡瓜から連続していくつもつくることができる。
薬味を入れて添えると、より見映えがするあしらいになる。

作り方

1 胡瓜の先端が五角形になるように薄く皮をむく。

2 五面に沿って、切り離さないように薄くそぐ。

3 ひねってはずす。

4 まな板に寝かせて置き、花びらの輪郭を整える。

5 花びらを指でつまみ、外向きに広がるようにくせをつける。

6 水にさらし、さらにシャキッと開かせる。

ワンポイント

- 皮のない黄緑色の部分が長くなったら、そこを切り落とし、また同じ手順で桔梗胡瓜をつくれる。
- 胡瓜の飾り切りアレンジ
「螺旋胡瓜」：胡瓜の中心を筒抜きで抜き、切り離さないよう切り目を入れて螺旋状に。

動きのある形なので、飾るだけで料理に変化が生まれる。

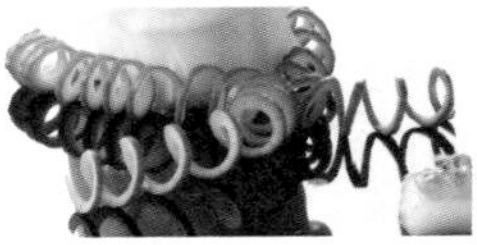

木の葉南瓜

南瓜のあたたかみのある黄色や深い緑が秋らしさを感じさせる。
葉のギザギザの角度を変えてむくと、それらしい形に。
皮の緑を少し残すと、紅葉しつつある葉を表現できる。

作り方

1. カーブがちょうどよい、南瓜の上部を使う。
2. 適当な大きさに放射状に切る。
3. 皮をむく。完全にむいて黄色を出しても、緑を少し残してもよい。
4. まな板に横にして置き、実の側を切って平らにする。
5. 幅がある側の角を取り、形を整える。
6. 葉先にあたる側に向かって、木の葉の輪郭になるよう曲線にむいていく。
7. 葉先側の切り目から次の切り目の深いところに向かって、丸みをつけて切り、葉のギザギザの形をつくる。反対側も同様に。
8. 木の葉の形に整える。吹き寄せなどにして、秋の風情を演出する。

ワンポイント

- 木の葉はさつまいもでも応用できる。さつまいもは、火入れするとねっとりと甘みが増す秋を代表する素材のひとつ。生の状態ではかたく締まっているのでいろいろな飾り切りに向いている。紫がかった紅色の皮と黄色い実のコントラストで秋色らしさを。

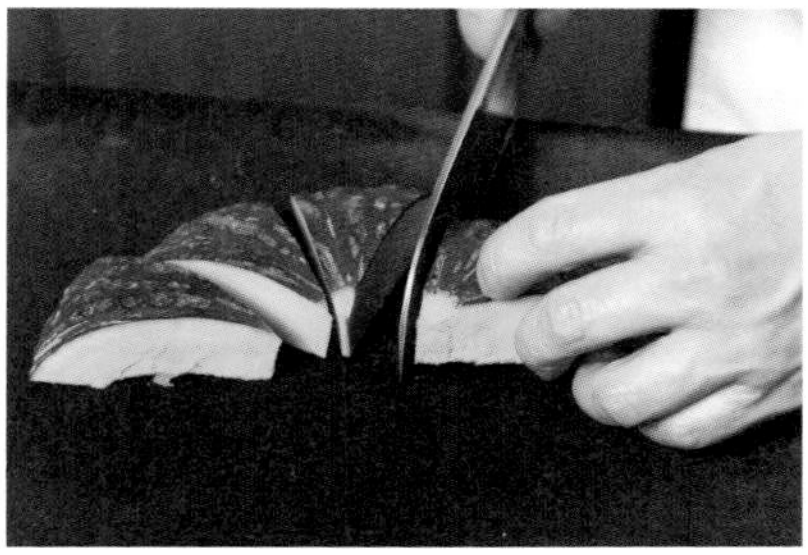

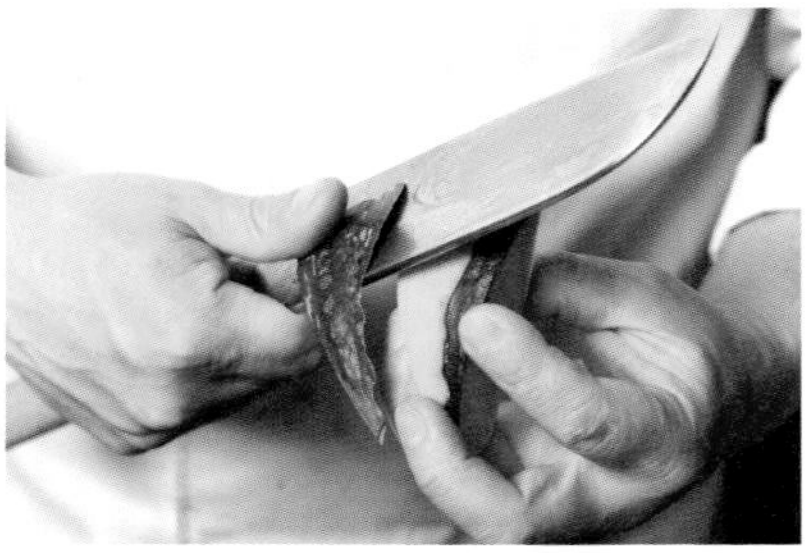

あしらい

料理に季節感や彩りを演出し、味の調和をとるのにも欠かせない存在。素材に合わせて、ゆでたり下味をつけておく。極細に切った針は、造りなどに華やかな印象を与え、さらに口の中をさっぱりとさせてくれる。

（上段左より）おかひじき、冬瓜、青身大根、管ごぼう、蕗
（中段左より）芽甘草、こごみ、たらの芽、糸瓜、ナスタチウム・防風ほか
（下段左より）菜の花、結び青ずいき、うぐいす菜、紅白結び、わらび

結び青ずいき

蓮芋とも呼ばれる青ずいきは、皮をむいてゆでると透明感のある緑色に。結んで用いるだけでも料理に品をもたらす。夏が旬の食材。

管ごぼう

ごぼうの栄養価や旨みは、皮や皮の近くに多く含まれている。やわらかく下ゆでですると、竹串で簡単に中をくり抜くことができ、ごぼうのおいしいところを残した手軽にできるむきもの。

（上段左より）針人参、花びら百合根、針南瓜、松葉胡瓜、針みょうが
（中段左より）より４種、針大根、蛇腹胡瓜、針ごぼう、蝶人参
（下段左より）針胡瓜、棒うど、針京人参、千枚ラディッシュ、針葱

吸い口

椀の蓋を開けたとき、ふわりと立ちのぼる香気。吸い口は料理の味を引き立て、切り方ひとつで表情も変わるので見た目も楽しませてくれる。特に柚子は、あでやかな色と香りが料理のアクセントになり大活躍。

(上段左より) 末広、松葉、花穂、生姜、輪
(中段左より) 針、梅肉、すだち、木の芽、あられ
(下段左より) 辛子、あられ、桜花塩漬、折れ松葉、わさび

棒

野菜を四角柱に整える。丸みを帯びた料理に直線的な棒を添えることで変化がつくとともに見映えよく仕上がる。

あられ

7㎜ほどの正方形に切って、煮物や吸い物などに添える。散らすと料理が華やぎ、軽やかさが生まれる。

松葉

皮を厚めに切り、3㎜幅ほどで切り目を入れ、片方の端はつなげたままに。その端に海苔を巻くとより松葉らしい雰囲気に。

針

天盛りにしたり、薬味として添えるなど、さまざまな料理に幅広く用いる。料理を上品に見せるとともに、風味と食感でおいしさを際立たせる。

針人参は、さっとゆでで水気をしっかりしぼる。円錐の形に整え、高さを出して盛りつけると料理が映える。

より

生で食べられる野菜のよりは、造りや酢の物、サラダなどのあしらいとして彩りを添え、口直しにもなる。色の違う野菜を添えるとより華やぎ、細く長い方が存在感も出る。

人参

桂むき*した人参を斜めに細く切り、箸や串などに巻きつけて形づくってから氷水にさらし、形を固定させる。

胡瓜

人参と同じ要領でつくる。胡瓜は皮を薄くむくことで濃い色が残り、よりに表情がつく。

大根

大根はある程度の長さを一度に桂むきしやすく、桂むきを重ねて斜めに切ると、一度に大量のよりをつくることができる。

＊桂むき：むきものの基本であり、包丁づかいの基本となるとても重要な技。何度も練習を重ね、均一の厚みにむく感覚を体に覚えさせたい。

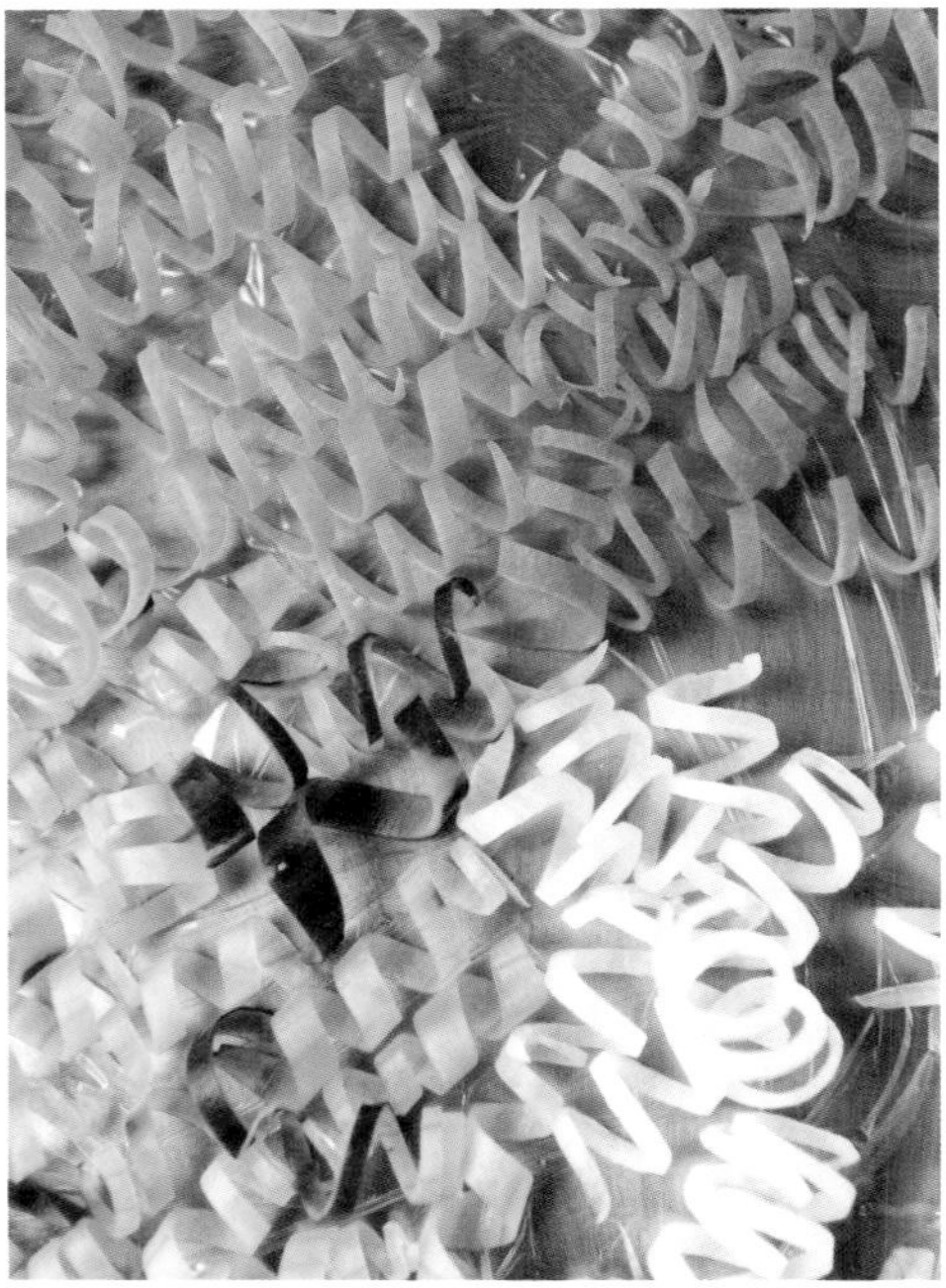

人参の細い部分を使う。カーブが強いので、よりにしたときに巻きやすい。針にするときよりも厚めに、厚さを均等に桂むきする。

調理の基本3

「食材の下処理」

魚介類のおろし方・さばき方

献立の作り方例（90ページ～）では、魚の分量を切り身で示していますが、できれば魚介類は新鮮なものを丸ごとおろして使いたいもの。まずは包丁、まな板を水でぬらし、よく拭き取るところからスタート。

甘鯛

秋から冬にかけて、京料理に欠かせない食材のひとつ。塩をして、さまざまな切り方を施し、造りから焼物、蒸し物までオールマイティに展開できる。美しく華やかな薄紅色で、繊細かつ上品な味わい。魚のうろこを取らずに塩をして、そのまま焼き上げる若狭焼きが有名。

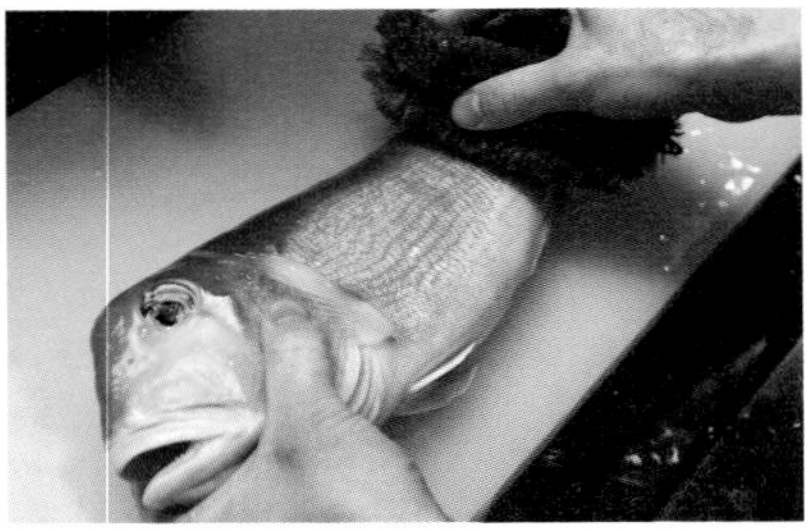

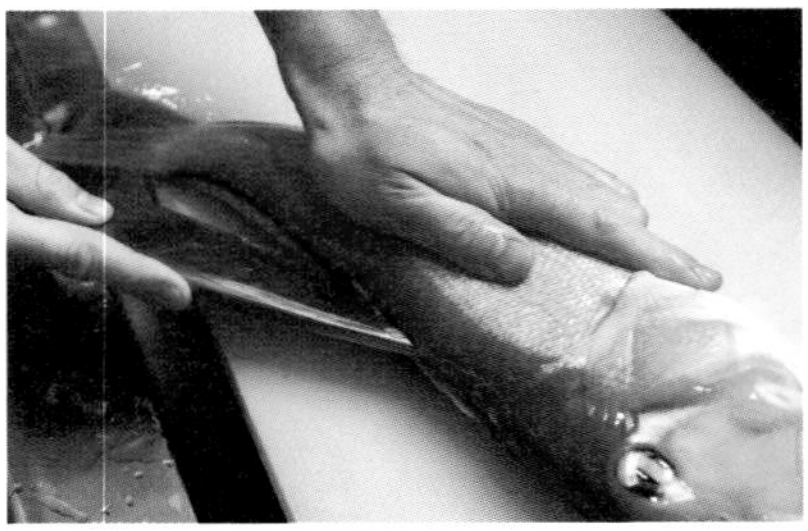

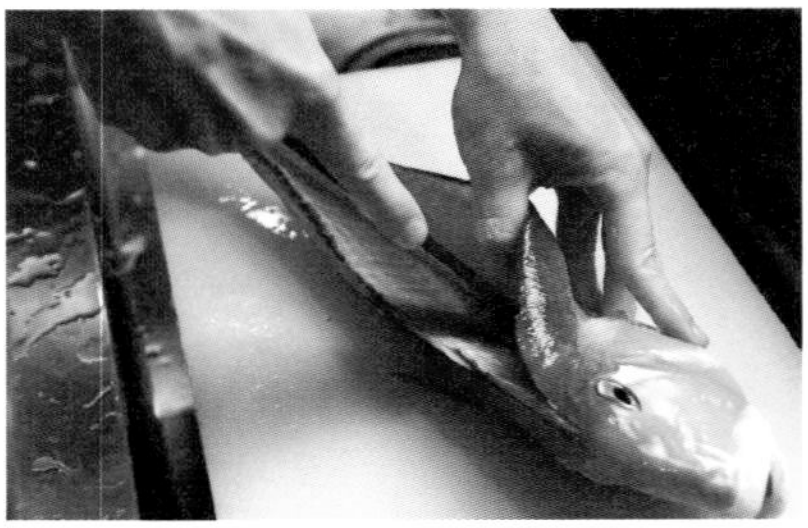

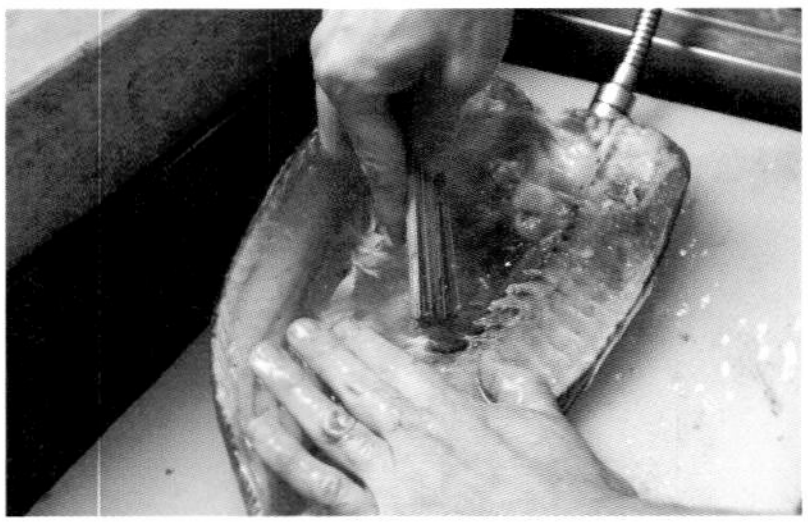

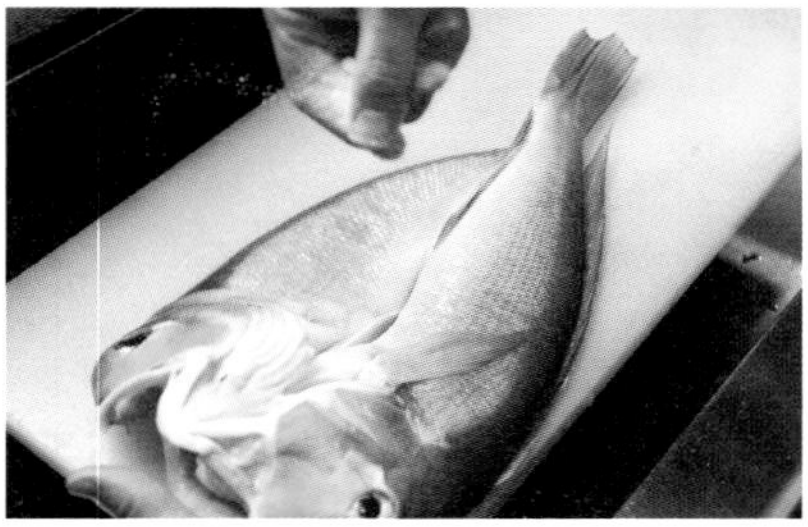

大は小を兼ねる？ 鰤《ブリ》と魬《ハマチ》

ハマチは、成長過程によって名が変わる出世魚の代表、ブリの幼魚。ハマチは関西の呼び方で、約20cmの個体をツバス、約40cmの個体をハマチという。関東ではハマチと同サイズの個体をイナダと呼ぶ。ブリという呼び方は関東も関西も共通。天然のハマチの旬は夏から秋で、寒ブリと呼ばれる天然のブリは冬に旬を迎える。

中骨がついている身と、ついていない身とに分けると二枚おろし。中骨がついていない身（上身）二枚と、中骨一枚に分けると、三枚おろし。上身は腹骨をすき取り、小骨を抜き取り、造りなどに。中骨はアラ炊きや骨せんべいに。二枚おろしと三枚おろしは魚をおろす基本のプロセス。

おろし方

1. 水洗いし、たわしなどでぬめりを取る。
2. 若狭開きはうろこを残し、背から開く。
3. カマ（頭）を割り、わたを取り、竹ささらを使いながらよく洗う。
4. 水気をきれいに拭き取る。
5. 全体に塩をしてひと晩ほど寝かせる。内側の骨や血合いにはやや多めに塩をする。

昆布〆の作り方

1. 三枚におろしたあと、うろことともに皮をすき引きにする。
2. 5cm程度の幅のそぎ切りにし、昆布をのせ、昆布〆にする。

蛸

夏が旬の蛸は、日本で日常に好んで用いられる食材のひとつ。

弾力のある身を薄く切ったりゆでたりすることで、味わいにさまざまな変化をつけることができる。

皮と身を切り離す作業には、切れ味のよい包丁が必要で、鮮度がよいとやりやすい。

また、蛸を湯引きする際、加熱しすぎると身がかたく締まりすぎるので注意。

さばき方

1. 蛸をたっぷりの塩でもんでぬめりや汚れを取る。
2. わたと目とくちばしを取り除き、水で塩をきれいに洗い流す。
3. 足を切り離したあと、吸盤を切り取る。
4. 吸盤を切り取ったところから包丁全体を当て、皮を丁寧にすき取る。このとき、包丁の刃を少し浮かせてスライドすることで、皮をすき取りやすくなる。

〈切り方のバリエーション〉

薄造り

・湯引きした身を、厚さ2㎜程度に薄く切る。口当たりがよくなり、蛸の繊細な風味も堪能できる。

蛇腹

・薄皮を残し、2㎜幅の切り目を10本程度入れたところで切り離す。ボリューム感がある仕上がりになるが、切り目を入れることで食べやすくなる。
・湯通しした吸盤を切り離す。コリッとした食感が味わいのアクセントになり、盛りつけの飾りとして用いるとよい。

湯引き

1. 鍋に湯を沸かし、さばき方4の身と吸盤を湯引きする。
2. 身はさっと湯通しして引き上げ、氷水で締める。
3. 吸盤はしっかりゆでる。アクが出たら取り除き、氷水にとる。

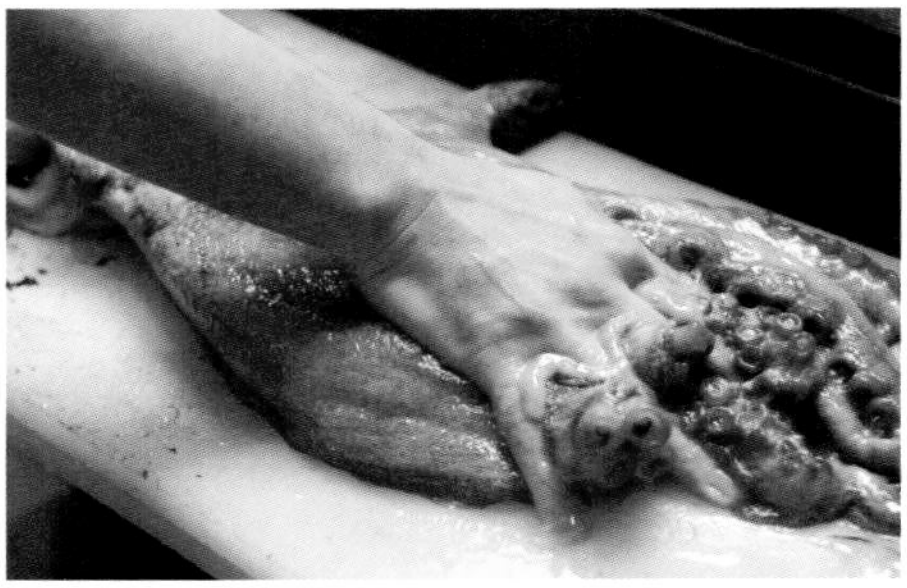

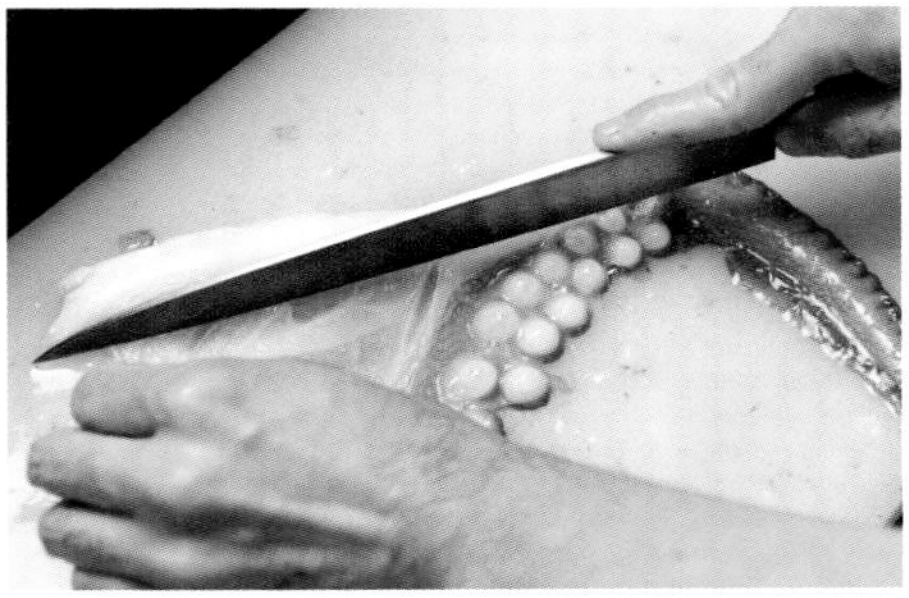

鱧

京都の夏といえば鱧。祇園祭に欠かせないごちそうとして知られ、上品で繊細な旨みをもつ。小骨が皮のところまで無数に入っているため、皮ぎりぎりまで骨切りすることが不可欠。鱧の骨切りができるようになれば料理人として一人前といわれるほど高度な技で、カウンターで繰り出す包丁技は、華のあるパフォーマンスのひとつといえる。小骨の多いあいなめなどにも応用できるので、練習を重ねて身につけたい。

1寸（約3cm）の間に皮一枚を残して26回包丁を入れるのが基本とされます。私も修業時代、小麦粉を練って粘土状に固めて鱧に見立て、リズミカルに包丁を動かす練習をしたものです。鱧と質感はまったく異なるものの、反復練習にはとても役立ちました。

「煮る」

煮魚は、口広で浅い鍋を用意し、魚の持ち味に合った味つけを。煮汁を先に煮立て、魚は熱い汁の中に入れること。落とし蓋をすると味が全体に行きわたりやすい。鍋料理も煮物の一種。

「焼く」

魚を焼くときに何より大切なのは、火加減。直火焼きは昔から遠火の強火が理想とされる。次に焼き加減。皮目は香ばしく、身はしっとり仕上げる。塩焼きのほか、鰤の照り焼きなども定番。

鱧の皮目を軽く炙り、身は生のままで。「鱧の焼〆」は、造りの旨みと焼きの香ばしさを同時に楽しめる調理法。

「造る」

鮮度のよい旬の魚の特性を生かし、美しく、食べやすく切る。造りは刺身ともいい、醤油など調味料で味を加減して食べる日本独自の調理法。針大根やわさび、生姜などを添えて。

「揚げる」

天ぷらはどんな素材も見事においしくしてしまう調理法。魚を揚げるときは、余分な水分をぬぐい、適温で仕上げる基本を大切に。小魚の唐揚は食べる直前にもう一度揚げるとカリッと仕上がる。

「漬ける」

味噌漬、粕漬、柚庵漬などが代表的で、お酒や白飯がすすむしっかりした味つけ。漬ける前に塩をすると、浸透圧で水分や老廃物などが外に出て、身が締まると同時に生臭みも薄れる。

「蒸す」

蒸す調理法は、素材に直接油や調味料を入れて加熱するのではなく、間接的に蒸気で調理するので素材そのものの味を引き出せる。蒸し物のコツは火加減。強火で、臭みが残らないように。

野菜のあつかい方

「飾り切り、あしらいの役割」（118ページ）でも伝えましたが、野菜の持ち味を生かすためには、その特性を知り、理解しておくことが大切。野菜をあつかう基本中の基本をおさえ、美しい仕上がりの料理につなげたい。

かたい表皮は厚くむく

蕪、うど、里芋など、かたい表皮をもつ素材は、皮を厚くむく。蕪などには輪切りにすると内側に輪があるのがわかる。このラインの内側までむくことで、口当たりがよくなる。

繊維の方向を生かして

むいた野菜を水にさらすと、繊維の力で切れ目が開いたり、繊維が引っ張られて巻くなど、多彩な表情が生まれる。形づくったそのままの状態をキープさせたいときは、氷水を使うこともある。

水にさらしてシャキッと

水にさらすことでアクが抜け、素材本来の鮮やかな色彩が出て、食感もシャキッとする。うどなどアクの強い野菜は、酢水にさらしてアク止めをする。いずれもさらしたあとは水気をよく切ること。

塩水につけてしんなりと

塩水につけると、浸透圧でしんなりとする。食感をやわらかくしたいとき、割れが心配なとき、少ししんなりさせたほうがむきやすい場合などに用いる。

切れ端もムダなく使う

飾り切りなどでは野菜の切れ端が多く出るが、それらもムダなく使う。形づくっていく前に皮をむくのは、切れ端をそのまま料理に使えて便利なため。きんぴらにして炒めたり、細かく刻んで味噌汁の具にしても。

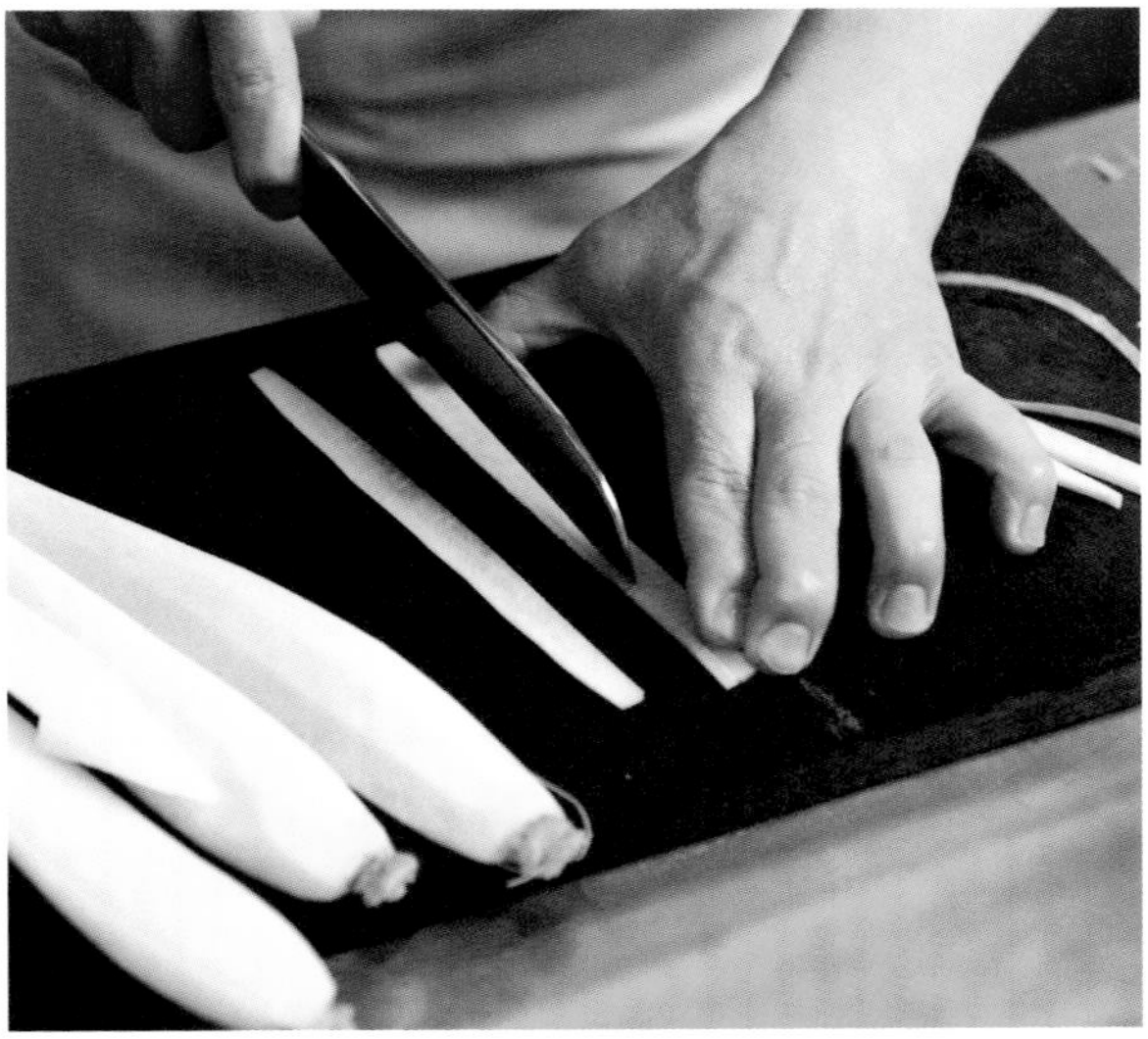

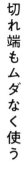

春の山菜の下ゆで法（アク抜き）

特有のアクやえぐみがある山菜。
できるだけ新鮮なうちにアク抜きをして、
旬ならではの滋味を料理に生かしたい。
筍の米ぬかは米のとぎ汁、
わらびの灰は重曹などで代用することも。

筍

春の訪れを告げる代表。多彩な料理に展開でき、部位によってかたさや食感が異なるので上手に使い分けたい。煮物にする場合は歯切れをよくするために、繊維を切ってから煮るとよい。

わらび

春を感じさせる若芽の山菜。おひたしなどで食べられるほか、塩漬けにして保存食としても利用される。地下茎から採れるでんぷんは、わらび粉として和菓子の材料に。

下ゆで法

1 塩で水洗いし、穂先や根元、産毛を取る。

2 灰を全体にまぶす。

3 鍋にたっぷりの湯を沸かし、[2]のわらびを入れてさっとゆでる。湯につけておくだけの方法もあるが、軽くゆでるほうが色鮮やかになる。

4 火を止め、そのまましばらく置いておく。

5 水を数回入れ替える。黒っぽいアクが出なくなるまで水にさらし、最後に水洗いする。

下ゆで法

1 皮つきのまま水洗いし、根元のかたい部分は切り落とし、穂先は斜めに切り落とす。

2 皮に縦に切り目を入れる。

3 鍋に[2]の筍を入れ、かぶるくらいの水を注ぎ、米ぬかと鷹の爪を入れて強火にかける。

4 沸騰したら弱火〜中火にしてかたい部分に竹串がスッと通るまでゆでる。アクが出たら取り除く。

5 ゆで汁につけたまま冷まし、水にとって皮をむき、きれいに洗う。

冬瓜

皮の緑と果肉の白の対比が透明感を感じさせ、夏の涼感を表現するのにふさわしい野菜。下処理でかたい鬼皮をむき、その下の鮮やかな翡翠色を料理に生かしたい。

下ゆで法

1. 包丁の背を使い、鬼皮をこそげるようにむく。
2. 適当な大きさにサク取る。
3. 皮目に斜めに細かく包丁を入れる。
4. 塩と重曹を混ぜて皮にすり込み、しばらく寝かせる。
5. ゆでて全体に火が通ったら冷水にさらす。

千枚冬瓜

1. 下ゆで法1を10㎝幅のサクに切り、種の部分を取る。
2. 皮に塩をすり込み、1～2㎜の厚さに薄く切る。
3. 軽くゆでて冷水に落とす。

海老芋

冬の京野菜の代表格で、ねっとりとした食感が特徴。反り返った形と縞模様が海老に似ていることからそう呼ばれるように。滋養を多く含むぬめりを取りきらないよう注意。

松笠くわいの六方（121ページ）と同じように、ふっくらとした丸みを帯びた六面体に仕上げる。見映えの要素だけでなく、煮崩れもしにくくなる。

ねっとりとした食感や甘さを生かしてデザートに用いることも。

島谷流

料理人の心得

1 素材

料理の基本は素材にあり。鮮度と質がよい素材を選ぶことは必須条件ですが、その目を養い、目利きできるようになることが大切。毎日素材と向き合う中で、それぞれの特徴やどこを見ればよい素材とわかるのか、ポイントを覚えていきましょう。

2 技

せっかくよい素材を選んでも、扱う技がなければ意味がありません。飾り切りなどは、まずは繰り返し練習すること、〝習うより慣れろ〟が上達の秘訣。包丁の先が自分の指先と一体化するような瞬間は必ずあり、そんな境地をめざしたいものです。

3 段取り

料理に段取りは欠かせません。掃除や道具の準備にはじまり、塩をしておく、ゆでておくなど、下準備はしっかりと。空いた時間にできる作業はあるので、効率よく仕事を進めましょう。すべてがきちんと整った環境でこそ、よりよい料理ができあがります。

4 道具

道具を知り、道具を使いこなすこと。ただし、〝よい道具は、よい腕がないと使いこなせない〟というのは本当で、一流といわれる人ほどその両方を備え、日々精進しています。道具にふれ、大切に扱いながら腕を磨き、技を高めていってください。

5 創意工夫

素材を大切に扱うことも基本中の基本。野菜の皮や根、魚の骨などもすぐに捨てずに料理に使えないかを考え、無駄を出さないように。美しく仕立てる料理には端材が出やすいので、工夫を凝らして料理に活用しましょう。その中で意外な創作のアイデアが生まれることもあるはずです。

6 美意識

よい素材と技がそろっても、本当に美しくおいしい料理ができるものではありません。季節感や色彩、大きさ、形、温度、味わい、食感、香り、盛りつけ、器との取り合わせなど、すべてにおいてバランス感覚が大切で、最後に必要なのは感性です。五感を鍛え、優れた美意識や表現力を身につけてください。

島谷宗宏　しまたに むねひろ

宮川町 水簾（すいれん） グループ 総料理長
1972年奈良県生まれ。高校卒業後、「京都新都ホテル松浜」にて黒崎嘉雄氏に師事。その後、「嵐山辨慶」「貴船ひろや」などで修業を積み、2003年「都旬膳 月の舟」の料理長に就任。2009年、日本料理アカデミー「第2回 日本料理コンペティション」において、近畿・中国・四国地区予選大会にて優勝。2010年、テレビ東京TVチャンピオンR「世界包丁細工王決定戦」でチャンピオンとなる。2012年、「宮川町 水簾」の初代料理長に就任。2016年、水簾グループの総料理長に就任、現在に至る。同年、リオデジャネイロオリンピック日本館にて日本料理を紹介。2017年、スイス東部ダボス会議で日本料理を担当。2019年、ラスベガスの日本料理店をプロデュース。活躍の場を世界に広げている。
主な著書に、『最新むきもののワザ』『むきものハンドブック／英語訳付き』『季節の椀もの入門』『美しい京の弁当と仕出し』（以上すべて誠文堂新光社）、『一度は作ってみたい 極みの京料理50』（光文社）、『京料理 炊き合わせ 伝統と進化の72品』（旭屋出版） などがある。

調理協力スタッフ

（写真左から）
井尾敢大
下山甚太郎
萩原 智
島谷宗宏
榎並将史
横山敦俊
岡 輝彰

宮川町 水簾 京都本店

２０１２年、花街で有名な京都・祇園町南側の宮川町にオープン。四季折々の旬の厳選素材を用い、おもてなしの心を尽くして丹念に仕上げた割烹・会席料理を提供。風情のある京町屋を生かした空間は、１階は美しい一枚板の白木カウンター席、２階には天然木のテーブルを配した掘りごたつ席や、落ち着いた雰囲気のテーブル席など、個室３室が用意されている。２０１６年には大阪・北新地店、東京ミッドタウン店をオープン。それぞれの立地にふさわしい趣向を凝らした上質な空間で、季節感あふれる日本料理を堪能できる。

京都府京都市東山区宮川筋2-253
TEL 075-748-1988
営業時間：12：00 ～（LO13：00）、18：00 ～（LO20：00）
定休日：月曜日

宮川町 水簾 北新地店
大阪市北区曽根崎新地1-3-11 レジョンノールビル1F
TEL 06-6225-8809
営業時間：12：00 ～（LO13：00）、18：00 ～（LO20：00）
定休日：日曜日

宮川町 水簾 東京ミッドタウン店
東京都港区赤坂9-7-1 東京ミッドタウン3F
TEL 03-5413-1881
営業時間：月～土 11：00 ～（LO14：00）、17：00 ～（LO22：00）
日・祝 11：00 ～（LO14：00）、17：00 ～（LO21：00）
定休日：元日

https://suiren-group.com

※店舗情報は、2022年6月時点のものです。

島谷宗宏 しまたに むねひろ

宮川町 水簾（すいれん）グループ 総料理長
「京都新都ホテル松浜」にて黒崎嘉雄氏に師事。その後、「嵐山辨慶」「貴船ひろや」などで修業を積み、2003年「都旬膳 月の舟」の料理長に就任。2009年、日本料理アカデミー「第2回 日本料理コンペティション」において、近畿・中国・四国地区予選大会にて優勝。2010年、テレビ東京TVチャンピオンR「世界包丁細工王決定戦」でチャンピオンとなる。2012年には「宮川町 水簾」の初代料理長、2016年には水簾グループの総料理長に就任した。2016年、リオデジャネイロオリンピック日本館にて日本料理を紹介。2017年、スイス東部ダボス会議で日本料理を担当。2019年、ラスベガスの日本料理店をプロデュース。活躍の場を世界に広げている。

美しい日本料理の教科書

2022年9月20日　初版印刷
2022年9月30日　初版発行

著　者　島谷宗宏
発行者　小野寺優
発行所　株式会社河出書房新社
〒151-0051
東京都渋谷区千駄ヶ谷2-32-2
電話 03-3404-1201（営業）
03-3404-8611（編集）
https://www.kawade.co.jp/
印刷・製本　凸版印刷株式会社

Printed in Japan
ISBN978-4-309-29220-5

本書の内容に関するお問い合わせは、お手紙かメール（jitsuyou@kawade.co.jp）にて承ります。恐縮ですが、お電話でのお問い合わせはご遠慮くださいますようお願いいたします。

編集スタッフ

デザイン　GRiD（釜内由紀江、清水 桂）
撮影　楠本夏彦
編集ライター　佐藤澄子
校正　西進社
企画プロデュース　水谷和生（KEI COMPANY）

器 協力

陶好堂
古美術和田
窯元 京kei